书法与太极拳

荣敦国 著

前　言

中国文化是中华民族精神财富的总和,是华夏民族先民勤劳智慧的结晶,是古代中国的精神母体,它孕育并影响着中华民族的未来。当今是全球化、国际化、信息化和智能化的科技时代,作为中华民族的子孙应义不容辞地担当起传承中国文化的历史责任,借鉴前人智慧,努力提高我们的人文素养,积极宣传中国文化,以更加昂扬的姿态,让中国文化走向世界,立足世界文化高地,积极彰显中华民族的文化自信。

书法在中国具有三千多年的悠久历史,是中国古代文化的重要组成部分,对古代中国的政治、经济、文化、军事等各方面均产生过巨大影响,华夏民族对书法情有独钟,怀有特殊感情和认知。书法也是中国独有的艺术门类,具有世界性影响。自古以来,书法在中国一直具有特殊而重要的影响,正如唐朝的虞世南所说:"文字,经艺之本,王政之始也。"在高度发达的现代科技时代,中国书法不仅是可供修身养性的手段,也是精美的艺术品。

太极拳是中华民族武术先师们在漫长的历史长河中用生命和鲜血换来的武术文化的记忆与符号,它以我国古代导引术、吐纳气功术、中医经络学说、《易》学的阴阳五行学说等理论为哲学基础,文化底蕴丰厚。太极拳承载着中华民族优秀的文化基因,是中国传统文化的精神和传统哲学思想的优秀代表,是文化精粹。

中国书法和太极拳反映的是中国人的精神境界和思想内涵,拥有共同的哲学基础,体现了中国人的审美观念和修身养性的道德规范,具有极高的美学与修身价值。本书以书法和太极拳教学的体悟为据,以大学生的书法和太极拳修养需求供给为撰写动机,本着提升大学生习练书法与太极拳的思想境界、实操本领、习惯养成为目的,把书法和太极拳的一些应知、尽知的要点问题进行了针对性归纳。由于水平所限,时间仓促,不当或错误之处在所难免,敬请各位方家予以批评指正,对此表示衷心感谢!同时,对霍欣桐和赵爽两女士的支持和大力协助,一并表示衷心感谢!

荣敦国

2023 年 4 月于申城

目　录

一、书法与太极拳简介 ··· 001
　（一）书法简介 ·· 001
　（二）太极拳简介 ·· 003

二、书法与太极拳的相通之"美" ······································· 006
　（一）书法与太极拳都反映生命运动并呈现形象美 ········ 006
　（二）书法与太极拳都追求均衡美 ································· 007
　（三）书法与太极拳都体现对称美 ································· 008
　（四）书法与太极拳都追求和谐之美 ····························· 009
　（五）书法与太极拳都追求节奏美 ································· 010
　（六）书法与太极拳都具难美性 ···································· 012
　（七）书法与太极拳技能本质具有一致性 ····················· 013
　（八）书法与太极拳都是美的情感的流露 ····················· 014
　（九）书法与太极拳都追求连贯之美 ···························· 015
　（十）书法与太极拳体现创造之美 ································ 017
　（十一）书法与太极拳都重"意在先" ························· 018
　（十二）书法与太极拳都追求整体美 ···························· 019
　结语与启迪 ·· 020

三、"永"字八法和欧阳询结字三十六法释义 ···················· 022
　（一）"永"字八法释义 ··· 022

（二）欧阳询结字三十六法释义 …………………………… 024

四、经典二十四式陈氏和杨氏养生太极拳 …………………… 032
　　（一）太极拳的中国传统文化基础 …………………………… 032
　　（二）24式陈氏养生太极拳的动作方法与要求 …………… 034
　　（三）24式杨氏养生太极拳的动作方法与要求 …………… 080

五、书法与太极拳的常见问题 …………………………………… 120
　　（一）书法的常见问题 ………………………………………… 120
　　（二）太极拳的常见问题 ……………………………………… 127

六、书法与太极拳的欣赏要点 …………………………………… 132
　　（一）书法的欣赏要点 ………………………………………… 132
　　（二）太极拳的欣赏要点 ……………………………………… 137

参考文献 ………………………………………………………………… 140

一、书法与太极拳简介

（一）书法简介

中国文字萌芽于新石器时代,发展至商朝时产生了甲骨文,甲骨文书风浑朴古拙。商朝末期和周朝初期,金文开始出现在青铜器物上。金文是比甲骨文更成熟的文字。从西周到战国时期,越往后字形越趋向规整画一,结构趋于定型,更具书法美。与甲骨文相比,在反映的内容方面,金文更宽、更广,更富现实气息。先秦时期最有名的石刻文字是石鼓文。石鼓文属篆籀系统,它布局匀称,结字严密,是大篆到小篆变化的过渡形态。由此可见,夏、商、周时期是中国书法的起源时期。

秦国统一六国后,实行"书同文",以秦国文字为基础的小篆是秦代的官方通行文字,李斯对这一变革起到了重要的作用。秦国时期,在民间流行的是隶书。汉朝是中国书法艺术成型的重要时期,这时期篆、隶、草三体并行,篆书主要用于刻石、刻符和官方文书,隶书多用于地方官吏文书和经典的书写以及墓碑,民间日常书写使用的主要书体则是草书。汉代晚期著名书法家有张芝、蔡邕、刘德升等。另外,秦汉时期是隶书的黄金时期。

魏晋时期,官方文体仍沿用东汉正统的隶书字体,风格方正、平直,甚至古板。魏晋时期的民间文书呈现出了迅猛发展之势,草书的使用已相当普遍,当时,出现的首批书法家有钟繇、黄象等,随后又有卫恒、索靖、陆机等书家的涌现,他们的书法艺术造诣非常高,对推动字体和书风的演化做出了独有的贡献,影响深远。南北朝时期,南朝书体疏放精妙，擅长简牍，代表人物是王羲之和王献之父子。北朝时期石刻文字较多，石刻文字的笔画比较粗重，即人们常讲的"魏碑体"，大家认为，三国、两晋、南北朝时期是中国书法的巅峰时刻。

隋朝统一南北后，书法承续六朝遗风，兼融北碑，这时期的书法表现出的是峻严和雅的风格，已开唐朝楷书先河。唐朝初期，由于唐太宗李世民雅好二王，二王书体非常流行，是唐代书法的一大特色。唐朝吏部甄选人才有四：一曰身，二曰言，三曰书，四曰判。唐朝中晚期，颜真卿、柳公权两位书法家走出了二王格局，开创了唐朝楷书风范。五代时期的书法沿承唐朝余绪，开启宋朝书法的新风尚，其中，成就最突出的是杨凝式，他的书法风格从颜、柳入二王之妙，韵致独到，因此，在书法风格方面，隋唐、五代时期崇尚的是森严法度。

中国书法界向来有晋韵、唐法、宋意、元势、明态、清趣的说法。北宋初期，人们对书法未予重视，士大夫也漠然置之。北宋中期，人们开始突破唐朝书法重法度的束缚，能够以"我"为主，以"意"代法，逐步形成了"尚意"的书法风格，更适合人们的自我表达，最为著名的书法家是苏轼、黄庭坚、米芾、蔡襄，史称"宋四家"。这时期，赵佶的"瘦金体"也极具特色，受到不少人的喜爱。南宋偏安江南，国势日趋衰弱，这时的书法走向了穷途末路，成就不大，因此，两宋时期书风盛行的是"尚意"。

元朝初期，书风仍受宋朝"尚意"的深刻影响。这时期，赵孟頫出现后，倡导振兴晋、唐古法，革新了书坛时弊，给当时的书坛注入了新活力。赵孟頫与鲜于枢、邓文原并称元初三大家。元代中后期，形成了学书就学赵孟頫，千人一面的局面。这时期书法造诣比较高的书法家是杨维桢和康里子山，另外，元朝的四大画家黄公望、吴镇、倪瓒、王蒙也都擅长书法，极具特色，因此，元朝是中国书法的复古时期。

明朝的书法继承了宋朝与元朝的帖学，得到蓬勃发展，是集晋代、唐朝、宋朝和元朝书法大成的时期。明朝初期的书法还没有形成自己的特色，书法家以"三宋"和"二沈"最为出名。到了明朝中叶，书法风格发生了巨大变化,在苏州地区,文人书法极为繁盛,产生了"吴门派",代表人物有:祝枝山、文征明、王宠。明朝晚期,书坛百花齐放,书法造诣卓然的书法家有徐渭、邢侗、张瑞图、董其昌、米万钟、黄道周等人,因此,可以说明朝时期是中国书法名家卓立的时期。

清朝时期书法最大的特点是帖学与碑学的交相辉映,各领风骚。清朝初期书法仍受明朝书法的影响,代表性的书法家有傅山、王铎等人。由于康熙皇帝推崇董其昌书法,所以清朝初的书坛是董体弥漫,同时,由于科举制度规范了书体,使得"馆阁体"流行。清朝中期,乾隆帝偏爱赵子昂书体,这时,帖学趋于势微,但仍继续流行,碑学书法已开始提倡。到清代后期,形成了书法家竞相以碑学为宗的风气,代表人物是邓石如和伊秉绶。因此,清朝的书法是碑帖并行的时期。

(二)太极拳简介

自古以来,太极拳属于中华武术系列,是内家拳的一个拳种,在民间还曾被称作"长拳""棉拳""十三式""软手"。

"太极"这个词汇出自《周易·系辞》:"《易》有太极,是生两仪。"太极是指至高、至极、绝对、唯一之意。宋代学者周敦颐在他的《太极图说》中以"无极而太极"开篇,意思是说:"太极"是万物产生的根源。最能直观体现中华文化的世界观、人生观和价值观的就是"太极图"。博大精深的中华武术与这一太极理念,历经漫长岁月的融合、沉淀,最终形成了中华优秀传统文化的精粹。《武术》对太极拳的界定是:"一种柔和、缓慢、轻灵的拳术。动作圆活,处处又带弧形,运动绵绵不断,前后贯穿。"《中国武术教程》对太极拳的界定是:"是武术的主要徒手项目,它的取义是因为太极拳拳法变幻莫测,含义丰富,而用中国古代的'太极'、'阴阳'这一哲学理论来解释和说明。"《辞海》的界定是:"中国传统武术项目之一,动作柔缓,可用于拳击和健身,流传区域很广。"综合各种界定的概念,太极拳是以我国的经典哲学《易经》的阴阳学说理念为基础,是太极阴阳思想与拳术的一种结合,是中华民族武术先师们聪明智慧的结晶。从中国哲学思想的角度看,太极拳是一种"文化拳""哲学拳"。《太极论》从第一段开始就对"太极"理念展开了论证和阐释。太极拳的源起众人都关注,但一直是武术界悬而未决的老话题。关于太极拳源起的说法有二:一是认为太极拳最早出现在河南温县的陈家沟,陈王廷是太极拳的创立者。根据是《温县志》的记载,明崇祯十四年(1641)陈王廷任河南温县"乡兵守备",明朝灭亡后隐居家乡耕田习拳。据《遗词》所说,陈王廷"闷来时造拳,忙来时耕田,趁余闲,教下些弟子儿孙,成龙成虎任方便……"。再据陈王廷的《拳经总歌》,陈王廷所传的太极拳受明朝将军戚继光编著的《拳经三十二势》的影响,并将《拳经三十二势》的第二十九势编入了其太极拳套路之中,陈王廷的《拳谱》和《拳经总歌》的文辞也与《拳经三十二势》相仿。陈王廷还研究道家的《黄庭经》,将手、眼、身、步法儿要协调的动作与导引吐纳之术有机结合起来,形成了风格独特的陈式太极拳。陈式太极拳习练要求意识、呼吸、动作三者合为一体,形神统一。陈氏太极拳受传统中医的经络学说影响,强调拳势动作采用螺旋缠绕式的伸缩方法,以腰为主宰,丹田发力,通过缠绕运动到达人体的任、督二脉,布于周身,达到"以意用气,以气运身"的境界。二是认为太极拳是南朝时期的韩拱月、程灵洗创立。到了唐代,许宣平和李道子进一步发展了太极拳。在宋朝,程秘对太极拳进行了进一步完善。以后又经历了元代的太极宗师张三丰、清代的王宗岳和蒋发的传承发展。

任何事物的发展都要经历萌芽时期、发展时期与成熟时期三个不可跨越的阶段,太极拳亦是如此。清末、民国时期,太极拳日臻成熟,形成了各具特点和风格的太极拳五大门派:陈式太极拳、杨式太极拳、吴式太极拳、武式太极拳和孙式太极拳,流传至今。迄今为止,太极拳为谁所创,无人知晓,但"太极拳"一词的首次出现是在清朝乾隆年间山西人王宗岳著的《太极拳论》,从此正式确定了太极拳的名称。

总之,太极拳是中华民族武术先师们在漫长的历史长河中用生命和鲜血换来的武术文化记忆与符号,它以我国古代导引术、吐纳气功术、中医经络学说、阴阳五行学说等理论为哲学基础，文化底蕴丰厚，可以说，太极拳承载着中华民族优秀的文化基因，是中国传统武术文化和传统哲学思想的优秀代表，是文化精粹，是瑰宝。

二、书法与太极拳的相通之"美"

华夏子孙对书法和太极拳都怀有特殊的认知和情感,书法与太极拳在中华文明史上具有特殊地位,都被视作"美"的典型代表。当今,信息化、智能化和科技飞速发展,社会日益老龄化,快节奏和体力活动的不足,对人们的身心健康开始造成越来越大的影响,大众对健康和高质量生活开始出现前所未有的关注,"健康中国"已成为国家战略。在这种时代背景下,习练书法和太极拳不仅在国内形成了一股新的浪潮,并且随着我国国际地位的不断提升,世界已成为名副其实的地球村,中国文化越来越受到世界的青睐,习练书法与太极拳也已经成为一种全球性时尚。书法和太极拳的难美性和颐养身心的巨大价值正在影响更多的人,通过习练书法和太极拳促使人们获得身心俱佳的奇妙收获。为了推动更多的人喜爱书法和太极拳,更深刻地理解这两项中华优秀传统文化的本质与功能、价值,我们更应积极倡导同时习练书法和太极拳,这样可获得相互促进的预期叠加效应。笔者根据教学实践,从美学的角度,从以下十二个维度对书法与太极拳美的相通性进行了系统概括,根本目的就是要打通习练书法和太极拳在思想理念上的统一,真正提升认识境界。

(一)书法与太极拳都反映生命运动并呈现形象美

中国书法之所以能成为艺术品,很重要的一个原因是中国字在起始的时候是"象形的"。智永和尚在其"永"字八法中指出:侧法(丶)第一,如鸟翻然侧下;勒法(一)第二,如勒马之用缰;帑法(丨)第三,形容用力;趯法(亅)第四,音同剔,跳貌与跃同;策法(丿)第五,如策马之用鞭；掠法（丿）第六，如用篦梳头发；啄法（ノ）第七，如鸟之啄物；磔法（乀）第八，形容毛笔笔锋的开张。这种形象化的意境，在后来"孳乳浸多"的字体里仍然存在着、暗示着。在字的笔画里、结构里、章法里，显示着形象里面的骨、筋、肉、血，与具体生命动作相关联。后来从象形到谐声，形声相益，更丰富了"字"的形象化意境，象"江"字、"河"字，令人仿佛目睹水流，耳闻汩汩的水声。譬如，如果把唐诗用优美的书法写出来，不但能让人领略诗情，也同时会如睹画境。如果把诗句写成对联或者条幅挂在墙上，给人带来的美的享受不亚于绘画作品，因此，书法是一种反映生命运动的综合艺术。由此可知，通常人们评价书法有一个"美"的标准，就是看是否是把"静止"的字写"活"了，这个俗说的"活"就是说书写的字要有神采和立体动感之美。

毫无疑问，太极拳习练是实实在在的生命运动，太极拳的掤、捋、挤、按、采、挒、肘、靠都是太极拳习练者具体的动作，反映的是特殊运动目的的生命运动形式。从陈氏太极拳、杨式太极拳或者吴氏太极拳等门派对具体太极拳动作的称呼上，也可以清楚的看到这一点，如杨式太极拳的"野马分鬃"、"高探马"，陈氏太极拳的"白鹤亮翅"、"云手"等动作名称，都是对太极拳具体动作的活的生命运动形象美的刻画。

（二）书法与太极拳都追求均衡美

均衡性，大多数情况下就是指"平衡性"。在现实生活中，"均衡性"是人们的一个审美标准。在书法的结字方面，就有"顶戴"的要求。顶戴者，如人载物而行，又如人高妆大髻，正看时，欲其上下皆正，使无偏侧之形；旁看时，玲珑松秀，能见结构之巧。这里的"戴"，有正势，也有侧势。戴的正势就是姿势正，高低轻重，纤毫不偏；戴之侧势就是要长短疏密，极意作态，让人觉得字势峭拔。不论哪种追求，务必做到字的整体能给人平衡的感觉，这样才有稳妥的美。字的正势要自然，能让人觉得字体稳重，而侧势不仅要让人觉得字势稳重，更重要的是要有峭拔之势。需要注意的是，在追求侧势时，也要

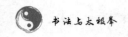

注意尾轻则灵,尾重则滞的现象,书写的字不能过分追求匀称,否则会失势,这是对书法均衡美的一点体验。

太极拳习练时,"立身中正"不仅是出于保持宽广视野的考虑,更重要的是体现对保持身体平衡性的重视,即使杨氏太极拳的"海底针"和陈氏太极拳的"斜行"等动作,都要求"斜中寓正",这些要求从根本上也是强调习练时要保持身体的平衡性。习练太极拳都重视"身体重心的移动",这一要求实质上是强调通过身体重心的移动为做下个动作做好身体的稳定性准备。太极拳习练做到"立身中正"是最起码的要求,"含胸拔背""气沉丹田""裆走后弧""沉肩坠肘"等,也都与保持身体的平衡性有或多或少的联系。太极拳习练时做不到这些,身体就会东倒西歪,影响动作质量和套路的流畅性,自然不美,效果也不佳。由此可见,书法与太极拳重视均衡美是一致的。

(三)书法与太极拳都体现对称美

在日常生活中,人们也往往把"对称"作为一个"美"的标准。汉字的书写就讲求"对称美"。从外形上看,有的表现的是偏旁部首的对称,有的是通过字的中轴线,从的字的神态所体现出的"力度"的对称即"力的平衡"。前者可称作显性的"对称",凭借视觉基本可以做到,而后者体现的是隐性的"对称",后者的对称必须建立在理解的基础上,做到前者的对称相对容易一些。

太极拳中的对称美,从外形上看,动作不多,典型的是"起式""收式"等少数动作,而大多数动作的对称主要是体现在隐性的"内力的平衡性",这是太极拳平衡性方面的一个特点。太极拳习练强调的"立身中正",实际上是要求通过身体重心的稳定性而达到身体左右两边,依靠内力保持平衡状态的一种"对称美"、做到进退自如或攻守兼备。另外,太极拳动作或套路中的许多"对拉""掌心相对"等动作要求,实际上也是一种寓于外形"不对称"动作之中的"内力的对称美"。总的来说,由于汉字结构的复杂性和太极拳动作对手、眼、身、步,包括呼吸在内的协调性要求,两者都更加注重体现内力均衡之对称美。这种内在的力的均衡的对称是汉字或具体太极拳动作"立得住"的根本，否则"不美"。

（四）书法与太极拳都追求和谐之美

和谐产生美是共识。和谐之美的核心所在就是要求审美对象的各个组成部分始终处于矛盾统一之中，相互协调，多样统一。我们窥探中国书法的章法、布白的美，探寻它的秘密，不得不令我们相信，传说中的仓颉造字，是因为他窥见了宇宙的神奇，洞悉了自然界最神妙的形式秘密，就是"和谐"。歌德也说："题材人人看得见，内容意义经过努力可以把握，而形式对大多数人是秘密。"在书法的结字技巧中有"却好""小大成形""救应""借换""满不要虚""相让"等要求，从中都可看到书法艺术对"和谐美"的追求。如：①"满不要虚"。像国、圆、回、包、南等汉字，在书写时，需要注意，包裹在字里面的笔画，一定要写满字的内部空间，只有这样才能产生内称外或外称内的效果。在平时书写这类汉字时，往往是写小了，给人不和谐、不美的印象，这是容易犯的一个书写毛病。②"相让"。是说字的左右，或多或少，须彼此相让，方为尽善。如："口"在左边的汉字，应该靠上写，如"吹"；"口"在右边的宜写得靠下点儿，如"和"。③小大成形。是说大字小字都要写得各有各的气势。苏东坡曾说："大字难于密接而无间，小字难于宽绰而有余"。写字时，如果能做到大字写得密接而紧凑，小字写得宽绰舒展，那就尽善尽美了。④救应。凡是要写一个字，首先在脑海中给这个字构建一个完美的形象，并跃跃欲试地想在纸上写出来。当真正在写这个字的时候，还要做到下笔后能一笔照顾一笔地写，如果一笔写得失势，那就要设法补救，如果一笔写得得体、得势就要顺势而去，接续下去。从第一笔开始，到十笔二十笔，笔笔都做到相互照应，尽量做到无一懈笔。就一幅书法作品来讲，应做到上字与下字、左行与右行、横竖疏密，各有攸当，上下连延，左右顾瞩，四面八方，犹如布阵，纷纷纭纭，斗乱而不乱，混混沌沌，形圆不可破，这样才"和谐"、才美。

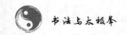

习练太极拳时,手、眼、身、步要和谐,有两层意思:一是前后相连的动作彼此要和谐,即外形的和谐;二是支撑外形动作的内在感觉要和谐,这一要求实质上是要求"内力"要和谐,只有把这两点都做到才是真正的"身心一统""形神兼备"。太极拳动作的学习、套路的掌握以及"功力"的增长过程就是一个不断促使身体素质、动作技术以及心理素养逐步变得和谐的过程。"出神入化""行云流水"是对太极拳习练者身心技能高超、和谐的美的境界的形象化赞誉,由此,可以说追求和谐美是书法和太极拳技艺增长的一项基本定律。

(五)书法与太极拳都追求节奏美

机械与节奏反义,只有富有节奏的事物才可能受到人们的喜欢,才可能被认为是美的。要认识书法和太极拳的节奏美,需首先了解书法和太极拳节奏的形成原因。对于书法的节奏,笔者认为有两种节奏,一是具体汉字的书写节奏,二是整幅书法作品的书写节奏。前者可称之为"小节奏",后者可称之为"大节奏"。太极拳的节奏也包括具体动作的节奏,可称之为"小节奏",而整个套路的习练节奏,可称之为"大节奏"。具体汉字的书写节奏主要受制于毛笔的特性和具体汉字的笔画构成;整幅书法作品的"大节奏"主要受制于毛笔的特性和整幅书法作品的字的特点、书写的字数、字与字之间、行与行之间的具体情况。太极拳具体动作的节奏即"小节奏"主要受制于构成具体动作的动作环节的特点和太极拳习练者手、眼、身、步以及呼吸的协调程度;对于太极拳整个套路的节奏即"大节奏"则是主要受制于整个套路的相邻的具体动作的特点与习练者自身手、眼、身、步以及呼吸的协调程度。根据运动实践,对于书法节奏和太极拳节奏应有相对客观固定而不能随心所欲的基本认识。太极拳、书法的节奏感是一个人人都有体验,但难以表达的概念,也是人们的一个审美标准。一般来讲,节奏感指的是人体对"节奏"的掌握的精准度,是人捕捉到、感受到,表现出对乐曲、运动节奏的韵律、韵味、情趣等要素的一种美的直觉。节奏感之所以是一种直觉,是因为对其难以运用其

二 书法与太极拳的相通之"美"

他智力成分进行思维加工,以达到准确、全面的认识。书法讲究"气韵生动",气韵生动就是说书写要有生命的节奏或有节奏的生命。几千年来,中国书法就是要用最简单的线条结构完美表现宇宙万象的变化节奏。透过万千雕塑的形象,罗丹见到了一条贯穿于其中的"线",中国画家在万千绘画美的形象中见到了这"一笔",书法家更是想运此一笔以构成万千的艺术形象美,这就是中国历代丰富的书法。书法讲求"一笔而成,气脉贯通,隔行不断",对此理解极其深刻者当属晋朝王献之,在他的书法作品里,会看到其行首之字,往往继其前行,所以世人称其所书为"一笔书"。中国书法的"一笔而成,气脉贯通"和罗丹所指出的通贯宇宙的一条线,印证了千年间东西艺人遥遥相印,但也需要注意的是,这里所说的"一笔书",并不是一条不断的线,而是说笔势、笔意自始至终,笔笔有朝揖、连绵相属、气脉不断,这才是"一笔书"的真正含义。现实中,很多人不是这样认识的,值得注意。书法的书写工具是毛笔,用笔有中锋、侧锋、藏锋、出锋、方笔等,都是用单纯的点画成其变化,来表现书者丰富的内心情感和世界的万千形象,像音乐运用少数的乐音,依据和声、节奏与旋律的规律构成万千乐曲一样。智永和尚所创的"永"字八法,用笔为八却按照一定节奏一笔呵成,血脉不断,构成一个有骨、有肉、有筋、有血的美的字体,表现的是一个生命单位,成功的是一个艺术境界。大书法家在挥毫创作时,都是胸有成竹,风趋电疾,意在笔先,书尽意在,的确是做到了整幅作品"全神气"。

中国书家的汉字书写与太极拳练家的手、眼、身、步的随意运动都体现的是心灵超脱、潇洒、蓬松的意境,是深切体悟生命与自然节奏美的艺术境界。书法与太极拳一般都比较喜欢用整幅作品或整套拳来体现气韵的流动与节奏的把握。对书法的欣赏人们既看笔画技巧等细节,更看重通篇的章法与神采;对太极拳的判断,既看动作细节的到位程度,更看重整套动作的节奏感、流畅性。书法的章法、神采与太极拳套路的流畅性、精气神都是对自然、生命运动的气韵节奏美的理解与践行。

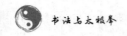

（六）书法与太极拳都具难美性

依靠方法发展能力才形成各种技能，有技能才会产生不同程度的技能美。书法和太极拳都属于技能，都要经历技能水平发展的三个阶段：粗略掌握技能阶段、技能水平提高阶段和技能自动化阶段。①在第一阶段，书法习练者往往把很大的精力放在用笔上，一笔一画地书写，"提按使转"不熟练，写的字总是存在这样那样的结构性问题，写的字看上去也往往是笨拙、软软绵绵的，写字时手臂僵硬、指腕不灵活，全身用力，感觉很吃力。这一阶段的书法习练者都会强烈感受到"书法是一项很难、很费时间的艺术"，因此也经常会动摇继续习练下去的自信心。处在这第一阶段的太极拳习练者，对于重心移动、动作连贯性，手、眼、身、步相随还做不到。对"沉肩坠肘""虚灵顶劲""松膝舒踝""气沉丹田""含胸拔背"等太极理念更没有深刻感受。对于具体动作或整个套路只是基本掌握。多余动作较多，甚至错误动作多、机械僵硬、费力、呼吸不能与动作协调配合都是这一阶段的鲜明特点。这一阶段的书法与太极拳习练者的共同感受就是"难"，写的字与做的动作在形象和感觉上都"不美"。②在第二阶段，书法习练者写的字，开始体现一定的运笔能力、结字能力和思想表达性。这一阶段书法功力在缓慢增长，但回过头来再看以前写的字，会发现以往写的字还很"无力""技巧性不够""具体字的结字特点不成熟"等感觉，会很不满意；这一阶段会明显感觉到不论是技能还是理念都在不断进步，甚至是快速进步，由此获得令人愉悦的进步感、自我效能之美；在第二阶段的太极拳习练者，多余动作逐步减少，手、眼、身、步变得越来越协调，对于前后相连的具体动作的肌肉感觉有了较深刻的逻辑认识，"力点逐步准确""动作逐步到位"，对"立身中正""柔中带刚""用意不用力""意在先"等理念开始有深刻体验，呼吸也越来越协调，专项身体素质因太极拳套路水平的不断提高而增长，兴趣得到加强，开始呈现一定的功夫和艺术性。这一阶段书法习练者写的字、太极拳习练者打的拳开始体现一定的"形神兼备"性，开始体验到不同程度的"美",这种美也成为一种追求进步的动力,因为每个人都有实现自我价值的原始动力与渴望,自然也会认识到这种美的体验必须通过艰苦的习练才能获得,心与力的巨大付出是值得的。需要注意的是,有的太极拳高手,在提到在这一阶段如何才能不断提高"功夫能力"时,认为必须深入钻研每个动作的"技击性",即实战目的与价值,否则即使熟练掌握整个套路,也只会得"花架子",要想跃升到太极拳的高水平必须苦练基本功,尤其是专项身体素质,并很好地钻研每个动作的起源和用途才行。③在第三阶段,书法习练者已达到相当高的水平,不仅在书写技巧上,更重要的是主动地或无意识地融入了阴阳学说的"快慢结合、一张一弛、虚实结合、大小对比、粗细搭配"等哲学理念,能结合书者的身心特点逐步形成了自己的风格。书法习练者技巧和艺术境界不断提升,感觉再进步变得更加艰难。许多书法高手认为,要想再寻求进步得靠自身修养和文化内涵的进一步积淀才行,书法的水平在"字外"。这第三阶段的太极拳习练者,可以说,身上已有较深的功夫,整个动作能做到柔中带刚、刚劲有力、丹田发力、手眼相随、身心一统,整个套路演练能给人行云流水、出神入化之感,是随意的表达,演练的整个套路既经济又实效。同书法一样,艺无止境,这一阶段太极水平的不断提高离不开习练者对人生阅历的深刻体验,离不开对整个太极拳套路功能的不断深入体悟,这一阶段的太极拳习练者,可称得上是真正的"高手"或"大师"。这一阶段的书法与太极拳习练者都对书法或太极拳有独到而深刻的认识,并形成了书写和习练的良好习惯,虽然认为书法和太极拳都非常复杂深奥,但不再把书法和太极拳看作是"难"的事儿,习练书法或太极拳越练越受益,越练越有兴趣,都会从中获得美的体验,获得美的享受,并将两者作为了赖以强身健体,修养身心,提高生活质量的一个绝佳手段。

(七) 书法与太极拳技能本质具有一致性

前面说过,书法和太极拳属于技能范畴。就分类来讲,技能可以划分为"开放性技能"和"闭锁性技能"两大类。了解技能的类属和本质,便于按照不同技能掌握的规律提高习练质效,因此,在这里阐述书法和太极拳的技能相似性是非常必要的。任何技能的习练都会受到各种内外在因素的不同程度的影响。"闭锁性"技能主要是靠人的内部的本体感受器所介入的反馈来调节这个随意活动。"开放性"技能则是因受到外部刺激的影响,在较大程度上必须借助于一种不同于肌肉反馈的"智力计划"控制人们的随意活动。据此可说,闭锁性技能对外部影响因素的依赖程度低。需要注意的是,现实中并不存在纯粹的"闭锁性"和"开放性"技能,一般来讲,都是两种技能的综合,只不过是更倾向于某一种而已。就书法和太极拳来讲,两者基本上属于"闭锁性"技能范畴。在这里揭示书法和太极拳的技能本质,是为了了解两者技能本质的一致性,便于在习练时更加有目的地利用集中注意力和动作操作时的肌肉感觉,按照闭锁性技能的特点即发挥自身本体肌肉感觉的主导性来提升习练功效。

书法的熟练用笔,就如同太极拳习练要很好地控制自己的手、眼、身、步,笔是书法习练者的工具,手、眼、身、步是太极拳习练者的手段,书法习练者对于字或句子,甚至是文章的理解与构思,相当于太极拳习练者对于整个太极拳动作或套路的理解与设计。高超的书法和太极拳技能都是通过反复习练,从中捕获难以言表的内在肌肉体验之美才逐步形成的。随着两者技能水平的不断提高,智力成分对用笔和手、眼、身、步的肌肉感觉的控制更强,更有目的性。在书法创造时,最终展示的是书者的内心的美与涵养,演练太极拳套路时流露的是习练者对太极拳动作、套路的理解,两者都上升到了在一定理念主导下对美的创造。不论是静态的书法,还是动态的太极拳,溢出的都是人的"内心之美",书法与太极拳都趋向于音乐,止于至美,它们最高的境界是最能打动人的"真"与"诚"。

(八) 书法与太极拳都是美的情感的流露

一切美都是动人的情感的流露,情感表达是美的一个标准。人愉快的时候都会面带笑容,悲伤甚至悲痛时则会发出悲声,这种内心情感都能在中国的书法和太极拳习练过程中表现出来。在演练太极拳套路时,听着优美的旋律,身心陶醉,乐在其中,即使是在心情不悦时习练太极拳套路也会随着发力和呼吸动作的有意调整,在一定程度上达到纾解心中郁闷,调整不良情绪的健身愉悦效果。人时时处处总会受到内在或外部因素的影响,从而产生不同程度的负面情绪,通过习练太极拳套路排解不良情绪,调整身心已是众多太极拳习练者的一个运动目的。正常情况下,很多中老年人迷恋太极拳的一个重要原因就是要保持腰、腿、脚的力量和灵活性,促进气血通畅,祛病强身、保持社交、生活的活动范围。在身心健康、心情愉悦时演练太极拳更是习练者幸福感和内在涵养的积极呈现,这时的运动美溢出的是令人羡慕、赞赏的真正的健康之美。张旭的书法,抒写的不单是自己的情感,也表现出他对自然界各种变动的形象的理解,但这些形象是通过他的情感所体会的,是"可喜可愕"的。在张旭的草书里不仅是对事物的刻画,更是情景交融的"意境",像中国画,像音乐,像舞蹈,也像优美的建筑。一个常识,故意饮酒,甚至醉酒后打太极拳和写书法会有意想不到的效果。原因是借着酒劲,能排除杂念和顾虑,注意力得到集中,自信心得到增强,这种情况下的"一挥而就",有时更能收到难以想象的奇效。王羲之创作《兰亭序》,许多影视作品或武侠小说中描述的大侠们醉酒后展示的太极武功,都是强调书法与太极拳的情感流露性,展示的都是特殊情感美。一般情况下,人们在书写作品和习练太极拳套路时,做到注意力集中,自信心等心理条件调适到最佳并非容易,往往是思虑、顾虑较多,进而无意识地限制了当下的动作技能的质效。因为这些内在的心理因素不能完全到位,从而使得期望的流畅通达之感,更不用说那种可遇不可求的忘我境界就更难以实现了。

(九)书法与太极拳都追求连贯之美

"笔断意连"是书法习练应遵循的一条美学原则。如:"小""心"

"以""求""水"等字，书写时，字的笔画、偏旁之间，由于字的结构的原因需要断开，但是书写的笔意不能断，要求空处联络，这样可使得字的形势不相隔绝，字的笔画虽疏但不离。如果相邻笔画做不到"意连"就会出现"束薪冻蝇"的僵死状态，书写的字必然无神、无态，那就不是书法，自然不"美"。通过"意连"可使写的字变得紧凑、流畅、气韵贯通。气韵贯通也是书法极其重要的书写法则，根本上也是在强调"连贯"的重要性。要达到气韵贯通的效果，书写汉字时，很多情况下就是通过"意连"来实现，不能让笔画或偏旁之间没有关系。由于毛笔轻，笔头软，要做到有意识控制，进而达到无意识运用，即使天分再高也需下苦功夫。古人写字，就像作文，有字法、有章法、有篇法，终篇结构，首尾呼应。王羲之的《兰亭序》的确称得上是"一笔书"，自始至终，笔意顾盼，朝向偃仰，阴阳起伏，笔笔不断，充分展现了气韵连贯之美。

习练太极拳套路时，不论速度快慢，均需做到动作有连贯性，平常讲的"一气呵成"就是对这一点的强调。如果太极拳动作间断、不连贯，具体动作的应有肌肉感觉就会丢失，静止时做的某一个动作，就认识动作形象，建立动作的形象概念是可以的，但是要清楚，静止时做的具体动作的肌肉感觉，不是太极拳套路习练时真正对应的肌肉感觉。静止时对具体太极拳动作的肌肉体验是"死的"，只有融入整个太极拳套路中的具体动作的肌肉体验才是"活的"，理解这一点很重要，这会影响到教学指导思想与教法技巧的正确性、合理性，最终会影响习练成效。有经验的太极拳教师很擅长采用"完整教学法"，而不是过多地运用"分解教学法"。太极拳所强调的"蓄与发""开与合""欲左先右""欲上先下"等要求，都在很大程度上是在强调实现动作连贯性的条件和动作方法问题。

在欧阳询的结字三十六法里有"相管领"和"应接"，其实这两项要求已不是单论单个字体，同时也是强调一篇文字全幅的章法了。"相管领"好像一首乐曲里的主题，贯穿着和团结着全曲而不散，同时也表达出作者的基本乐思。"应接"就是在汉字书写的各个变化里要做到相互照应、相互联系。"相管领"和"应接"都是书法艺术布局、章法的基本原则,是一种追求书法连贯美艺术境界的具体法则。同书法一样,功夫深厚的太极拳大师也认为,太极起式就是给整个太极拳套路的速度、动作幅度、力度、精气神等方面"定调"的,起书法中的"相管领"的作用,起式或首个具体动作环节的规格、质量和水平决定整个套路或具体动作的规格、质量与水平。由此可见,书法和太极拳艺术都将连贯性确定为基本原则,并上升到现实生活中人们认可的艺术美的标准的高度。

(十)书法与太极拳体现创造之美

创造之美有着前提性的逻辑。一切积极的创造性劳动都会给人启迪和美的感受。王羲之的《兰亭序》乃千古绝唱,即使他自己也不能写出第二幅,书法需要创造,从这种创造里涌出的是书法家真正的艺术意境。意境不是自然主义的摹写,也不是抽象的、空想的构造,它是从生活中产生的极深刻的而丰富的体验,在情感浓郁、思想沉挚里,突然地、创造性地冒了出来。音乐家凭它来创作曲调,书法家凭他写出艺术性的书法,每一篇的章法都是一个独创,表现出独特的风格。

太极拳是智慧型武功,虽属武术,但它凭借的不是力量和速度,而是正确行功理念指导下的敏锐的感觉和灵动的智慧。智慧的力量和速度可以远远超出单纯物理的力量和速度,创造出合乎艺术美的武功。太极拳习练者生活阅历、身体素质不同,技能掌握的熟练程度和对具体动作功能的认识不同,这些主客观因素使他们表现出不同的能力即功夫,但他们追求太极拳艺术表演的创造性之美和身心健康之美的目标是相同的。实践证明,这两大目标的实现都离不开太极拳习练者对众多内外在动态影响因素的优化组合,并体现出不同操作水平的创造性。太极拳习练者不同水平的创造性是其技能长进与获得成就的重要原因。太极拳越练会感觉越复杂,越让人着迷,是名副其实的"智慧拳",越练越会体会到这一武功的不断长进需要习练者不断长进的创造性作为支撑。不论书法还是太极拳都是艺术形式，都有一个共同的目标追求就是展示"美"，这种美的展示需要创造性。在通过书法和太极拳两种艺术途径寻求美的过程中，依据主客观条件进行创造性工作是必要条件，没有创造性的思维和行动就不会有书法和太极拳美的产品的发生。因此，习练书法和太极拳需要创造意识，不仅创造的结果美，创造的过程也很美。

（十一）书法与太极拳都重"意在先"

对"意"，人们一般既感神秘，又感觉美。这里讲的"意"，由于具有内隐性，并且内涵丰富，加上古人对其功能的夸大与渲染，更增添了它的神秘色彩。其实，它是很具体的心理因素，绝大部分内容属于非智力因素范畴，它可是某种具有明确导向性的肌肉感知觉或意识，属于智力因素范畴，起着"执行—操作"的认知作用，更多情况下是某种动机、目的、毅力、自信、好胜心等非智力因素，对人们的太极拳习练行为起着动力、定向、引导、调节、强化、维持等"动力—调节"功能。

"意在先"是技能操作的一个心理要求，书法与太极拳都属技能范畴，亦应遵从这一行为准则。遵从"意在先"的准则可保证延绵不断的书写或太极拳习练的流畅性和气韵贯通，从而给人流畅美和创造美等艺术享受。自古以来，不论书法还是太极拳都把"意""意在先"摆在极其重要的位置。"入木三分""逆水行舟"等书法理念都与"意"有关。王羲之题卫夫人《笔阵图》亦说："夫欲书者，先干研墨，凝神静思，预想字形大小、偃仰、平直、振动，令筋脉相连，意在笔先，然后作字。"

太极拳习练讲求"意识引导动作"，要求每一个动作都要遵循"始于意动，继而气动，而后身动"的原则，要有意识地把思想和注意力集中到每一个动作中，所有的动作都要用有目的性的意识来支配，一式接着一式，一招接着一招，前一个动作的结束就是后一个动作的开始，每招每式都通过意识而节节贯穿，循环无端。其实，这里所说的意识既包括有意意识，也包括无意意识即潜意识。书法和太极拳习练达到纯熟地步后,有些动作就会越过一些心理细节,开始受无意识的支配,只是由于其速度很快让人们难以察觉,感觉是不受意识支配而已。不仅演练太极拳套路要如此,做太极拳具体动作亦是如此。在意识(有意意识)的引领下,具体动作中的每一个动作环节的结束也都是后一个动作环节的开始,一式如此,式式如此。这个"意"要求习练太极拳要做到心要静,神要凝,练拳贵乎心静神宁,专心一意,意在什么地方,气就紧跟着到哪里,不受外界任何事物的干扰,用自身的意识引导动作,做到让意念和动作融为一体。不论是书法,还是太极拳,习练时做到了"意在先",就意味着习练者成为书写或演练行为的主人,有圆满通达之美,其实做到"意在先"并不容易,非一日之功。

(十二)书法与太极拳都追求整体美

"不谋全局者,不足谋一域",强调整体决定部分。书法与太极拳在整体的问题上是一致的,都把有无浑然一体的完整性视作一个审美标准。书法重视章法与神采,同太极拳追求一气呵成、气韵贯通、一动无有不动,在本质上都是强调要有整体观。书法的结字也叫布白,判断字写得美不美,其中看字写得整体上的效果就是一个判断标准,这是对单个字布白美的判断标准之一。对于书法,除了看字的结构之外,更重要的是看书法作品中的句子、通篇的神采。唐太宗和唐代各大书法家都喜爱临写《兰亭》,褚摹欧摹神情两样,但全篇的章法,分行布白,都不敢稍有异动,《兰亭》章法是重视整体美的典型代表。评价太极拳打得好不好,不仅要看具体动作的完整性,力点是否准确、动作是否到位,更重要的是看整套动作是否行云流水、一气呵成、气韵贯通、浑然一体。在这一点上,书法和太极拳都强调整体美,是一致的。书家和太极拳家对整体美的重视,体现的既是对美的一种共识,也是他们对自由与严谨的美的感觉和态度。

结语与启迪

书法与太极拳源远流长,均以中国传统的哲学观、伦理观和养生观为理论根基,是极富生命力的优秀传统文化,是不可多得的美的艺术。①书法和太极拳都体现生命运动和反映客观物象的美。②书法和太极拳都追求均衡之美。③书法和太极拳都追求对称之美。④书法和太极拳都追求和谐之美。⑤书法和太极拳都追求节奏美。⑥书法和太极拳技能水平的发展都要经过三阶段:粗略掌握阶段、水平提高阶段和动作自动化阶段,充分体现了书法和太极拳的难美性。⑦书法和太极拳都属于"闭锁性"操作技能,水平的发展高度依赖对内在美的体验与领悟的捕获,展示的都是书者和习者内在的审美水平与涵养,水平的高低在"字外"和"拳外"。⑧书法和太极拳都是书者和习者美的情感的流露。⑨书法和太极拳都追求书写和演练的连贯性,体现流畅美。⑩书法和太极拳都高度重视具有内隐之美的"意"的作用,都讲究"意在先"。⑪书法和太极拳都对"意境"有根本性依赖,都追求体现技能艺术的创造之美。⑫书法和太极拳都追求整体层面的神采和气韵之美,充分体现"精气神"。书法与太极拳,一静一动,都追求静中有动、动中有静,遵从一阴一阳的辩证《易》学等哲理,都是完美的艺术手段。在当今时代,习练书法和太极拳,把两种优秀传统文化作为颐养身心、提高生命质量的生活手段,是对高品质生活的追求,是积极的人生态度与修为,具有极其重要的现实意义。爱美之心,人皆有之,恰好书法和太极拳这两种优秀中国传统文化,不论在习练过程中,还是在行为结果上都追求"美"的实效,是满足人们爱美需求,滋养身心的极佳运动手段选择。为实现通过习练书法与太极拳提升审美能力达成对美的追求,深入研究它们的技能形成规律和功能发挥特点,从美学角度剖析,认识它们的本性是极其重要的。需要正视一个事实,人的审美有层次差异,人与人之间在审美上的差异,源于人们生活背景而决定的成长过程,以及在对美的判断标准和取向上。审美标准一致的人,很容易达成对审美对象的共识,反之,则产生可妥协或截然迥异的审美分歧,这是笔者多年担任大学生《太极拳和书法》课程教学得到的一点深刻体悟。基于此,根据学生特点、根据书法与太极拳的特点,掌控学生的学习进程,达到预期成效至关重要。另外,需要特别强调的是,还要注意在教授太极拳和书法时,重视"法度"是应该的,但不能僵死、要求过度,教学必须以书者和习者的身心特点和发展水平为基础,高度重视习练兴趣的引领价值。现实情况是,因为有许多书法和太极拳教授者死板教条,扼杀了习练者的兴趣,被这两门具有高度艺术性的文化项目的难度吓倒了,导致半途而废,熄灭了学生追求美的火苗,实属遗憾,这种现象很普遍,非常值得思考和记取。其实,只要得法,难事做起来也不会难。有经验的老教师就讲,让学生不知不觉就学会才是真本事,的确非常有道理,值得深思。"趋乐避苦是人的天性",书法和太极拳习练必须循序渐进,按照它们的特点和学习规律进行。在当今,依靠美妙的科学化体能运动颐养身心的需求越来越突显,书法与太极拳促进人们身心健康的功能价值经受住了检验,受到越来越多人们的青睐,并不意外,推广这两个项目也是实现健康中国宏伟目标的有力举措。

三、"永"字八法和欧阳询结字
　　三十六法释义

（一）"永"字八法释义

　　古人与现在的人们对"永"字的笔画的构成看法不同。一般认为，"永"字（见图1）是中国书法的象征，是书写楷书的基本法则。有天下第一行书之称的《兰亭序》的第一个字就是"永"。相传王羲之曾花27年持续书写"永"字。发明永字八法的也正是王羲之的后人王法极，法号"智永"。智永

图1　"永"字笔画名称

和尚迈越南朝直承钟、王书风。"永"字八法是指：点为侧、横为勒、竖为弩、钩为趯（音同"剔"）、左上为策、左下为掠、右上为啄、右下为磔。从理论上讲，毛笔书法可以有八个基本书写方向：四个正向即上下左右，四个斜向即左上、右上、左下、右下，但在实际书写时，正上和正下的书写基本没有。"永"字包含了毛笔用笔的所有的基本方向：向右的横、向下的竖、向左上的钩、向左下的长撇、向左的短撇、向右下的捺，加上虽然形态最小，但变化最多的点。

　　（1）点也叫侧，因为在书写点时，需要把毛笔的笔锋侧过来。点是汉字的根源。

　　（2）短横，也叫勒，也就是指写的短横的形状应像马缰绳衔在马

口,不平不直。在书写横时,起笔和收笔要勒住笔锋,笔锋要整,笔画形状要像小山峰,行笔时要用笔心压纸,行到小山峰时再提笔向右上,然后采用虚笔右下。

（3）竖,也叫弩,在书写竖时,笔锋应犹如拉弓射箭,握笔不可让毛笔垂直,笔杆垂直的话,写的字会无力,出钩处向左转笔时应提起笔,但不能离纸,用笔要有力。

（4）长撇,也叫掠,是说行笔时犹如燕子轻轻掠过房檐的感觉,动作要迅速,收笔出锋要迅捷,稍迟疑就圆了,不美。

（5）提或挑,也叫策。策本义是马鞭,是策应的意思。挑多用在字的左边,其式是向右上斜出,与右边的点、画相策应,形成项背拱揖的态势。"永"字的策画略微平出,主要是为了与右边的横撇即"啄"相互策应。两个笔画虽错若不相称,但它们的心气相通相应,气势都是上扬的,起笔要用力,得力在收锋。策都是短笔,书写要丰满但不能臃肿。

（6）啄,是指短撇,要像鸟之啄物。写撇时,先向右落笔,然后根据撇笔使用的大小,确定力量的大小,向左下方行笔。一般来讲,各种各样的撇都是侧锋行笔,不可以一笔撇出,收笔时速度不能太慢。

（7）竖钩,也叫趯（音同剔）,跳跃的样子。写竖钩起笔时,应按照垂露竖的起笔向下运行,竖笔到位后再提锋靠右向下,然后笔尖向后,向左上方弹笔出锋。写的竖钩笔锋要饱满,钩身不可缺。

（8）捺,也叫磔,磔音窄,裂牲畜为磔,形容笔锋的开张。写的捺应像曲折的水波,用笔不能快也不能慢,线条应逐渐加粗,行笔到出锋处稍停后再向右上,渐渐提笔出锋。磔本意是肢解,肢解必然用刀劈,磔画就取刀劈之意。这一笔要写得利刹、刚劲、有气势。一般来讲,捺画应写得力虽内聚,形态却外张,让字体舒展开放。

以上是从审美的角度,细说"永"字八个笔画的一般写法与书写要求。

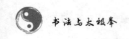

(二) 欧阳询结字三十六法释义

从严格意义上讲,楷书与行书并无根本区别。换句话说,行书是更加潇洒、自由奔放的楷书。行书比楷书不仅书写更快,更符合现实生活、工作需要,而且更加注重字的笔画之间的连接和前后字之间的联系。欧阳询的结字三十六法,不仅仅适用于指导各种风格的楷书的书写,对于各种风格的行书同样使用,并且是行书结字的基本法则,必须进行详细、系统地研究。需要特别指出的是,欧阳询结字三十六法的具体要求,根本上都是追求做到一切书写行为和理念都要符合美学规律,根据多年的书法学习、研究与教学实践,以下是对欧阳询结字三十六法具体要求的一些认识(均以毛笔书写为例)。

(1) 排叠。是指写字时要注意字的形状,要考虑到笔画的大小、长短、疏密和字的结构特点。一般来讲,就单个字的书写,要做到笔画分布合理,结构安排得当,布局疏密均匀,字形宽窄适度等。戈守智说:"排者,排之以疏其势。叠者,叠之以密其间也。"就是说,要想把笔画多的字写得有排特气势,就必须遵守排叠技法,如重花叠叶般茂盛,笔笔生动,而不能有局促繁杂的态势和味道。另外,写笔画多的字,不能有堆积笔画的味道。总之,做到"分间布白""调匀笔画",让笔画各有位置,密处不犯,疏处不离,随字形,把字的笔画的大小、长短和疏密调匀。

(2) 避就。书写由笔画组成的汉字,自然会遇到疏密是否合理的问题。"避就"就是要应对、解决这一问题的办法。笔画密的就要"避",稀疏的就要"就"。要做到"避""就"就需要根据具体情况适当变化笔画的写法,让书写的字的笔画彼此之间能映带相宜。具体来讲,就是要做到避密就疏、避险就易、避远就近。

(3) 顶戴。是指在写上大下小的字时,应注意保证字的重心的稳定,做到正而不偏,也不可上部太小,头轻尾重。要做到顶戴技法的要求,写的字就必须:正看时,上下皆正,无偏侧之形,高低轻重,纤毫不偏,让人感觉字体稳重,这是戴的正势;旁看时,要玲珑松秀,能见结构之巧,长短疏密,极意作态,让人感觉字势峭拔。但是在具体书写时,还要注意,尾轻则灵,尾重则滞的现象,要具体问题具体分析、应用这一书写技法,因此,也要注意书写不必过分追求匀称,否则反致失势的现象。

(4) 穿插。是指写由交叉笔画组成的字时,为了解决字的疏密、长短和大小问题,要用到"穿插"技法。使用穿插技法的目的就是要使写的字能够四面调匀,八边具备。具体来讲,就是要做到:穿者,穿其宽处;插者插其虚处。如"中",是以竖穿之;"册",是以横穿之;"爽",是以撇穿之。穿插应促使一个字成为一个完美整体。

(5) 向背。包括相向或相背。相向,是指左右结构的字写得向内相对;相背是指字的两部分写得向外以背相靠。不论相向,还是相背,都是要体现向内或向外的字势,各有体势,不能颠倒。还有的字需要写得一内一外,叫"助";不内不外的字,叫"并",共有这四种具体情况。

(6) 偏侧。是指字形有偏有正,结字应随形就势,保持重心。此外,在保证字的重心平衡的基础上,还需要增加动势,避免呆板,具体的办法就是下笔之始,必先审势,要偏者正之,正者偏之,以一为主,七面之势都倾向这一起主导作用的一笔。

(7) 挑㝬,是指根据字的结构特点,采用笔画的有意伸展,字的组成部分的宽延来平衡字的重心的方法。如果一个字的一侧比较扁,可用另一侧笔画的伸展来平衡。如果一侧笔画多而密,就用另一侧写得宽松来寻求相称。连者挑,曲者㝬。挑者取其强劲,㝬者意在虚和。

(8) 相让。是指写的字的各个部分应彼此相让,互不妨碍,既和谐相安,也不过于紧密或者松散。左右结构的汉字,左右两侧或多或少需彼此相让,方为尽善,如书写"献"的撇时,应婉转以便附左。太极拳要做到手眼身步的协调就必须做到相让,否则是不可能的。不仅汉字书写要做到笔画彼此之间的相让,太极拳也是如此。

(9) 补空。主要是指书写汉字时,右侧的点或短撇的安放,右侧小撇要尽量左伸，以形成包抄之势。另外，王羲之说"实处就法，虚处藏神"，补空不是要取消空处，而是要有意留出空处。如果在空处轻轻着笔，反而更能显示出虚处，更能体现字的气韵生动，有空中传神之效。还需要注意的是，一般疏势不补，只有密势的字才需要补之，目的是保证字的重心的稳定。

（10）覆盖。是指有的汉字的书写需要用上面覆盖下面，包容下面，需要写得上宽下窄，上下相容，保证字的上下部分能中心相对，不偏向一侧。因此，书写上下结构的字时，字下面的笔画不宜相著，笔势还要做到意在能容。

（11）贴零。是指像"令""冬""今""寒"之类下面有零星之点的字，在书写时要控制好点与上面的距离，做到务必等距，不可过近或过远。如果字下面的点比较零碎，就要注意各点的位置，疏则字体宽懈，蹙则容易不分位置。

（12）黏合。是指字的上下或左右部分不可过于分离，不能机械、没有关系，否则会出现松散、僵死之状。赵孟頫说写字"毋似束薪，勿为冻蝇"。黏合是一种保证书写的字要有整体性的一种书写技法要求，因为，一般来讲，完整、统一是人们的一个审美标准。

（13）捷速。写字是书写者思想和情感的连贯表达，不能没有节奏，要有节奏，就不得不考虑书写速度问题。捷速，是指要根据字的笔画和态势书写时要有速度的变化。王羲之说，一字之中须有缓急，目的是取字的形势。如"风""凰"等字，为了取腕势，就不能写得太慢。《书法三昧》云："风"字两边皆圆，名"金剪刀"。除此之外，遵循捷速的技法要求也要顾及毛笔书写时笔尖调锋的实际需要，不可一味求快。

（14）满不要虚。满不要虚，是指写全包或半包的字时，字内部的部分应把内部空间写满，不能写得拘谨、紧缩，以致与外框之间还有太多空间。有两种情况：一是如"齿""幽"等字，要写得外称内；二是如"国""园"等字，要写得内称外。通常情况下，都是把内部的笔画写小了，没有填满内部空间，导致写的字不浑然一体，不美。

二 "永"字八法和欧阳询结字三十六法释义

（15）意连。是指有些字，虽然笔画是间断的，但书写时不能让笔势和气韵间断。书写这类笔画间断的字时要做到笔断意连，意到笔未到。由于形体不交、笔意相反，字的笔画不得不空处联络，这样才会使书写的字虽疏而不离。

（16）复冒。是指上下结构，并且上面部分大的字，书写时应把下面的笔画全部覆盖于其下。复冒技法，是注下之势，务在停匀，不可偏侧欹斜。

（17）垂曳。包含"垂"与"曳"。"垂"是指竖画下垂拉长，"曳"是指撇、捺、钩等斜向笔画的伸展。书写汉字时，字的左右两侧一般不能同时伸展，必须一伸一缩。另外，垂者垂左，曳者曳右，都靠一笔的伸展使得书写的字流畅奔放，意境优美。一般来讲，凡字左缩者需右垂，右缩者需左曳，字势自然而成。

（18）借换。包括"借"与"换"。"借"是指借用相邻的笔画而用之，以免重复和拥挤。如"祕"；"换"是指移位。借换的目的就是防止单调，另外，比较难结体的字，也需移位换形，如"鵞"。借换在书法中是常见现象。

（19）增减。是指古人在书写汉字时，为让写的字体势貌美，在笔画少处常常增加笔画，或在笔画繁杂处减省笔画，不拘泥于写字常规。要注意，现代人习练书法时，要遵循古人的汉字写法，不要随意造字，书写的字最好有出处。

（20）应副。包括"应"与"副"。"应"是指笔画稀疏的汉字，书写时需注意笔画之间的映带呼应；"副"是指笔画多的汉字，书写时应注意左右笔笔相对。如果是左右不均匀的字，书写时左右应调匀，一促一疏，相让之中，笔意自然应副。

（21）撑拄。是指写的字要独立成字，就必须把字的重心撑得住。如要想把"于""手""矛""永""弓""巾""千""司"等字写得劲健，就必须把起支撑作用的，往往是最后一笔，写得具有支撑性。另外，还要注意，凡是写"竖"，取直势较易，而取曲势则比较困难。因此，写字需要撑拄时，要做到宁迟毋速，宁重毋佻，所谓如古木之据崖。

027

（22）朝揖。包括"朝"与"揖"，揖就是作揖，古人行拱手之礼，在这里是指书写由几部分组成的汉字时，彼此之间不能过于疏松导致笔画离散。要高度重视一字之美，需偏旁凑成，分拆看时，能各自成美，朝有朝之美，揖有揖之美。朝揖就是书写的汉字，笔画、偏旁不仅要有神态，还要有意境的美的联系。

（23）救应。包括"补救"与"接应"。"接应"就是书写的汉字要根据前边的字或笔画决定这个字的起笔与收笔，也就是要做到意在笔先；"补救"就是行笔后，要以后面的笔画来弥补前边笔画的不足和失误。凡作一字，需先在心中构建完成的字样，并跃跃欲试在纸上书写，等下笔后仍需写一笔顾一笔，失势的救之，优势的应之，自一笔至多笔应无一懈笔，上字与下字，左行与右行，横斜疏密，各有攸当，上下连延，左右顾嘱，纷纷纭纭，斗乱而不乱，形圆而不可破。

（24）附丽。是指在书写由几个部分组成的汉字时，要分出主次，要有次要部分依附于主要部分的意识，具体做法就是要以小附大，以少附多，彼此不可分离。凡附丽者正势既欲其端凝，而旁附欲其有态，或婉转流动，或拖沓堰蹙，或作势而趋先，或迟疑而托后，要根据字的结构特点确定字的态势，要因地制宜，不能写得拘谨。

（25）回抱。就是书写的汉字在转笔回锋时要向内勾抱。有些字需向左勾抱，如"曷""匊""易"；有些字需向右勾抱，如"鬼""包""旭"。回抱时不可太宽，否则字的笔画会散漫无归；如果太紧，则会给人不能容物的感觉。回抱时，应做到笔势浑脱，力归手腕，婉转勾环，如抱冲和之气。一般来讲，手腕的运笔功夫决定"回抱"水平。在此，值得一提的是太极拳对于手腕的灵活性要求高，极具锻炼性，从这一点看，根据习练经验，习练太极拳有助于提高书法书写的手腕功夫。因为毛笔尖很软，需要随字的笔画的变化，有捷速地不断调锋，通过习练太极拳提高了手腕功夫，自然有助于书法中的这些笔画的书写。

（26）包裹。就是书写汉字时，外围笔画能把字的所有或部分笔画包裹起来才行。需四周包裹的字，如"图""圃""圆"；需部分包裹的字,如"匡""匮""甸""尚""幽"等,总之,有左包右、右包左、上包下、下包上四种基本情况。

(27)小成大。是指书写的汉字的笔画,不论大小应都有各自的用处,不能因小失大,不能因为笔画小就忽略,往往最后一笔更要注意和重视。正如:一点所失,则若美人之病一目;一画失势,则如壮士之折一股,这是强调写字时以小成大的道理。

(28)小大成形。是指写多个字时,要做到大字小字都各自有形,有小有大才能不呆板。如果大字写得密结,小字写得宽绰,那就尽善尽美了。

(29)小大与大小。主要是强调书写笔画少的字时,笔画要写得粗壮些,书写笔画多的字时,笔画要写得细一些,小字尽量写得大点,大字尽量写得小些。《书法》曰大字促令小,小字放令大,自然宽猛得宜。另外,也需注意"长者原不喜短,短者切勿求长"的情况,如"茸""白"等字的书写就要注意这一点。大者既大,妙于攒簇,小者虽小,贵在丰严。总之,多个字放在一起时,要注意大字小字的协调、匀称、搭配等书写技巧。

(30)各自成形。是指书写将诸多笔画合为一字的汉字时,不仅整个字要有形,而且将这个字的各个部分如果拆分开,各个部分也要能各自成形。这一书法技法强调的是要处理好字的整体与部分的关系。

(31)相管领。是指书写的汉字能以上管下叫"管",能以前领后的叫"领",具体就是要做到承上启下,要自然,能以前领后,相互照应。写一个汉字时,由一笔至全字,笔画之间要彼此顾盼,不失位置。另外,由一字至全篇作品,也要做到相管领,通篇能管束到底,这样才可能保证作品有宝贵的神采和整体气势。

(32)应接。是指书写的汉字,上下左右要呼应,笔画能相继又相承,意境要高远,姿态要美,能顾盼连绵显灵动。古人写字,就像作文,有字法、有章法、有篇法,讲究终篇结构能首尾呼应。王羲之的《禊序》从"永"字到最后一个"文"字,通篇都是笔意顾盼,朝向偃仰,阴阳起伏,笔笔不断,因而人们称王羲之能为"一笔书"。

（33）褊。本来是用来形容衣服小叫"褊",在书法中是指书写的字狭隘狭小之意,过于收敛收紧了。一般来讲,把字写得褊了,就会丧失灵气,但有时把字写得褊一些也会有不寒俭、不轻浮的效果。这里的褊,本来是指一种书写毛病,需要记取,但也要注意,由于每个人的审美和性格不同,如果根据环境的需要把字恰当地写"褊",有时也会取得一定好的效果。

（34）左小右大。是指在写左右结构的字时,容易犯的一个毛病。左小右大,左荣右枯,不符合人们的审美,造成这一书写毛病的主要是因为执笔偏右之故。书写的汉字,写得左右大小疏当均匀才美。

（35）左高右低,左短右长。是指写字时容易犯的两个毛病。一般来讲,写得左右对称,才会给人重心稳定之感,被认为是美的。

（36）却好。是指书写汉字时方方面面要做到恰到好处,避让迎就讲礼法,结构妥帖讲端正,字势妙理多变化。疏密却好,排叠是也;避就却好,远近是也;上势却好,顶戴、覆冒、覆盖是也;下势却好,贴零、垂曳、撑拄是也;对戴者,分亦有情,向背朝揖,相让,各自成形之却好也;联络者,交而不犯,黏合、意连、应副、附丽、应接之却好是也;实则穿插,虚则管领,合则救应,离则成形,合乎本然而却好也。互换其大体,增减其小节,移实以补虚,借彼以益此,改变其同然者而却好。窕者屈己以和,抱者虚中以待,谦之所以却好。包者外张其势,满者内固其体,盈之所以却好。褊者紧密,偏者偏侧,捷者捷速,用时具体问题具体分析,灵活处置便非弊病,笔有大小,体有大小,书有大小,注意区分非常重要。总之,欧阳询的三十六条书写技法要求或原则都是为了把字写"美",在这达美路上需要书写的各个方面的配合都做到"却好",要做到却好只有努力追求书写的各个方面做到"和谐",别无他途。写字要讲究法度,不逾规矩,至于神妙变化则完全在个人的审美水平与书写技能的艺术性。

根据书法实践,欧阳询的这三十六结字技法,不仅是写字技法,也是含蓄深刻的育人之术，在这些认识坚定的技法要求里包含着各种为人处世之道，值得我们深入探究。仅从美学角度看，这些书写技法最根本目的就是告诉我们要注意根据字的笔画组成特点，怎样才能把字写得完整、协调、稳重、有神，怎样才能符合大众的审美标准。虽然书法的技法要求如此之多，道理如此之深，但是只要我们抓住书法是追求"和谐"的学问这一点，就抓住了根本，其他都要服务于这个大局。

四、经典二十四式陈氏和杨氏养生太极拳

（一）太极拳的中国传统文化基础

虽然太极拳最早是我国道家思想的产物，但是在长期的历史发展进程中，我国儒、道、释三大主流学派相互影响、相互渗透，它们所结晶出的中国传统文化精髓，共同滋养、推动了太极拳成为我国传统文化中的一枝奇葩。它是精粹，是民族传统文化的典型代表。深深扎根于中国传统文化肥沃土壤的太极拳，属我国武术系统中的一个拳种，具有技击防身与健身养生功能。随着现代科技的不断发展，人们在不断获得科技发展红利的同时，也开始警惕科技给人类带来的运动不足，导致亚健康、疾病、人们生活质量降低等问题。当今社会，人们开始出现前所未有的对健康问题的关注。我国政府已经把国民的健康问题上升为国家战略。由于形势需要和太极拳自身独特的价值和审美功能，太极拳越来越受到国内外各类人群的喜爱，正在一波又一波地不断掀起习练热潮。为了帮助人们更好地认识太极拳的性质，发挥太极拳的颐养身心功能，提升习练兴趣，增强习练成效，从理论上总结、简要介绍太极拳的中国传统文化基础是非常必要的。

1. 太极拳的中国传统哲学基础

因为太极拳深刻体现我国传统的哲学思想，故又称作"哲拳""文化拳"。中国的古典哲学主要研究人与自然的和谐，研究并倡导遵循阴阳对立统一的发展与变化规律。是规律就得主动遵循，这在太极拳的理

念和具体动作之中都有体现。纵观太极拳的发展演变,都是历代太极拳先师们运用我国传统哲学理念,结合具体技击实际不断凝练技能,推动太极拳文化不断发展的历程。在这一漫长的发展历程中,是思想和理念首先完成从"哲理"到"拳理"的升华。从众多太极拳文化典籍中就可看到这一点,经济、实效的太极拳每招每式都有具体的哲学依据,这是其他武术项目所不能及的。

2. 太极拳的道家文化基础

道家崇尚自然,返璞归真,唯道是从,无为而治,高度重视人与自然的和谐关系。太极拳的理论和行拳实践都体现道家的思想。太极拳理论认为,"天地是一大太极,人身是一小太极",在太极拳的实际动作中时刻体现"虚实""动静""刚柔""开合""快慢""张弛""轻重""方圆"等对立统一要求。"至大至空"是太极拳的含义,也是太极生阴阳并相互转化的思想根本,是太极拳实战的基本行为准则。《道德经》云:"虚其心,实其腹,弱其志,强其骨。"习练太极拳要求"用意不用力""以意导气""以气运身""松静自然",都是对《道德经》关于"空""虚"理念的贯彻。太极拳要求"一动无有不动""一气呵成""气韵贯通""形神兼备"都是《道德经》"人法地、地法天、天法道、道法自然"顺其自然理念的体现。李雅轩说:"太极拳是无为而不为之功夫。"陈微明说:"太极之无敌,唯不争尔。"意同《道德经》说的"天之道不争而善胜""弱其志而虚其心"。这些至理名言都是太极拳为对抗制胜强调"舍己从人,得机得势"功理的哲学依据。习练太极拳是按照道家思想修道悟道的方式与过程已是人们的共识。

3. 太极拳的中医理论基础

太极拳习练,要求:"眼随手,步随身。运动如抽丝,迈步如猫行","动中求静、调形、调气、调神""形神兼备""全神贯注",这些观念都遵从我国中医《灵枢》说的"调阴与阳,精气乃光,合神与气,使神内藏""心主神,心者君主之官,神明出焉"。中医《素问》说"聚精会神,精者,生之本也",精气足身体就强壮。太极拳从动作一开始就要求"气沉丹田",

丹田中藏有"元精""元气""元神"。太极拳习练要求内藏精神、运用意识、调理呼吸,顺势而动。《黄帝内经》说"天地万物,莫贵于人",太极拳颐养身心的效果早已被证实。

4. 太极拳与《孙子兵法》理念的相通性

"人不犯我、我不犯人,人若犯我,我必犯人",是我国传统军事思想,这一理念同太极拳的行功理念。太极拳讲究后发制人,是攻守兼备之术、化解之术。太极拳讲究以柔克刚,《孙子兵法》讲究避实就虚,同理。《孙子兵法》讲究"避其锐气,击其惰归",太极拳讲究"声东击西""左引右进,右引左进"。毛泽东主席有"敌进我退,敌驻我扰,敌疲我打,敌退我追"的著名军事思想,太极拳也讲究"欲进先退,欲左先右,欲上先下,欲下先上""避实就虚""以静制动"。由此可见,太极拳与《孙子兵法》道理相通。富有启迪的是,毛笔书法的"欲上先下,欲左先右"等要求也遵循这一道理。

(二) 24式陈氏养生太极拳的动作方法与要求

1. 24式陈氏养生太极拳的动作方法

第一式 太极起式

(1) 立身中正,两脚跟靠拢,脚尖呈微"八"字,两手中指贴于两侧裤缝,两眼目视前方(见图1)。

(2) 含胸,收紧丹田,曲膝松胯,右移重心,左膝欲落先上,提左膝与胯平,向左侧开步,与肩同宽,两眼目视前方(见图2)。

(3) 左脚尖先着地,渐渐全脚掌踏实,两脚十趾微抓地,两眼目视前方(见图3)。

(4) 两手掌心向下,腕部突出,两臂慢慢抬起,与肩同高,沉肩坠肘,两眼目视前方(见图4)。

(5) 随身体曲膝下蹲,两手掌心向下,两手缓缓下按,按于两膝上方、与胯平,指尖向前,两眼目视前方(见图5)。

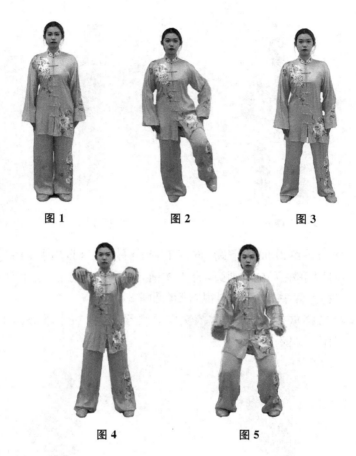

图 1　　　　　图 2　　　　　图 3

图 4　　　　　图 5

第二式　懒扎衣

（1）松右胯，左移重心，沉肩坠肘，两手右上左下打开，提右手，右手掌心斜向上，右手略高于眼，左手掌心向下，两眼目视前方（见图 6）。

（2）左移重心，右掌落下，手掌心向前落于右腿外侧，左手向左向外画弧，手掌心向后向外，与眼同高，曲膝松胯，提右膝，脚尖自然下垂（见图 7）。

图 6　　　　　　　　图 7

（3）身体继续曲膝下蹲，同时右脚向右侧铲出，右脚内侧先着地。同时两手左下右上画弧，合于体前，右手掌心向上，左手掌心向前，搭于右大臂中节，两眼斜视右侧（见图8）。

（4）右移重心，腰、肩、肘依次向右调至横肘，右手掌心向下，左手掌心向内（见图9）。

图 8　　　　　　　　图 9

（5）继续右移重心，两手右上左下向两侧打开，沉肩、坠肘、提右手、坐腕、劲达右手中指，指尖与肩同高，两眼目视右侧前方，同时，左手由胸前抹至左腰间，拇指在后，四指在前，含胸塌腰成式（见图10）。

图 10

第三式 六封四闭(如封似闭)

(1) 先左移重心,然后右移重心,同时两手向左下稍微回缩后,紧接着向右侧掤出,右上左下掌心向外,两手臂撑圆,与肩同高,两眼目视右侧(见图 11)。

(2) 左移重心,捋加采,左手掌心向上,右手掌心向前,力点在掌根,两眼目视右侧(见图 12)。

图 11

图 12

(3) 当两手捋到身体中线时,向左上方放松摆出,与肩同高,右手附于左肩处,两手掌心向前,两眼斜视左侧(见图 13-1)。

然后松右胯,沉肩坠肘,含胸塌腰,两眼斜视右侧(见图13-2)。

图 13-1　　　　　　　　　图 13-2

(4) 裆走下弧,右移重心,两手向右侧平行推出,同时左脚蹬地,虚步点于右脚内侧,与肩同宽,左手掌推至右肩处,手掌心向右,右手掌推至右侧,掌心向前,两眼目视右侧(见图14)。

图 14

第四式　单鞭

(1) 右胯放松,微右转身体,左移重心,左手掌心向上前穿,右手掌变"八"字手,沿左小臂后拉至左肘关节处,右手后拉与左手前穿呈反差运行,两眼目视右侧(见图15)。

图 15

图 16

（2）右移重心，右手折腕变拿法，两眼目视右侧（见图16）。

（3）右手变勾手，向右前方打开，与肩同高，勾尖朝下，同时左手收于小腹前，手掌心向上，两眼目视右侧（见图17）。

图 17

（4）松胯曲膝，含胸拔背，收腹提左膝，左手折腕，手掌心向上，两眼目视左侧（见图18-1）。

身体继续曲膝下蹲，左脚向左侧铲出，脚内侧先着地（见图18-2）。

图 18-1　　　　　　　图 18-2

（5）右脚蹬地，左移重心，两眼目视左侧；然后，左脚蹬地，右移重心，两眼目视右侧。（见图 19-1、图 19-2）。

图 19-1　　　　　　　图 19-2

（6）左移重心，同时腰、肩、肘依次向左沉肩、坠肘、提左手，翻转向左侧打开，坐腕劲达中指，指尖与肩同高，目视左侧（见图 20）。

四 经典二十四式陈氏和杨氏养生太极拳

图 20

第五式 白鹤亮翅

(1) 松左胯,摆左脚,左移重心,身体微左转,右勾手变掌下落于右腿前,掌心向前,目视前方(见图21)。

图 21

(2) 提右脚,曲膝松胯向前45°铲出的同时,两臂放松,右上左下画弧合于体前,右掌心向上,左掌心向前搭于右大臂中节,两眼斜视右侧(见图22-1、图22-2)。

图 22-1　　　　　　图 22-2

（3）右移重心，同时腰、肩、肘依次向右调至横肘，左掌心向内，右掌心向下，目视前方（见图 23）。

（4）右转身体，摆右脚、右移重心、跟左步，虚步点地，与肩同宽，两脚右上左下画弧，沉肩、坠肘、提右手，右手与额头同高，两眼目视右侧，左手落于左腿外侧，左手掌心向下，指尖向前（见图 24）。

图 23　　　　　　图 24

第六式　斜行

（1）左移重心，右脚呈虚步，右手向左上接手，微左转身体（见图 25）。

（2）身体右转 90°，重心继续左移，同时右脚尖翘起，外摆 90°右手经体前画弧下落变"八"字手,按于右腿外侧,左手向上画外弧,立掌落于胸前,力点在手掌根(见图26)。

图 25　　　　　　图 26

（3）裆走下弧,右移重心,两手推出,与胸同高,两眼目视前方。松左胯,含胸收腹提左膝(见图27)。

（4）左脚向前45°铲出,同时,两手向后上方捋,指尖向上,两眼目视前方(见图28)。

图 27　　　　　　图 28

（5）两臂放松先微右转,然后俯身左转,松左胯,左移重心,左手放松,肘部要力点清晰,右手向后,手掌心向前,头顶百会穴,用意轻轻领起,不失顶劲(见图29)。

(6) 扣右脚,左肘从左膝绕过,变勾手,随身体向上提起,与肩同高,右手向里曲肘落于右耳后,手掌心向前,两眼目视左侧(见图30)。

图29

图30

(7) 右手前推,松右胯,身体右转的同时腰、肩、肘依次向右调呈横肘,沉肩、坠肘,提右手,右手与肩同高,两眼目视右侧(见图31-1、图31-2)。

图31-1

图31-2

第七式　搂膝

(1) 左勾手变掌,两臂放松下蹲,合于左膝上方,周身蓄合,两手掌心向上(见图32)。

(2)右移重心,左脚蹬地,两手掌向上托领,左脚虚点地落于右脚前,两掌变立掌,劲达掌根,落于胸前,两眼目视前方(见图33)。

图32　　　　　　图33

(3)重心完全移至右腿,曲膝松胯,提左膝,脚放松,两手下捋,左手落于裆前,右手落于右胯处,两眼目视前方(见图34)。

(4)两手继续后捋,曲膝松胯,左腿向前迈步,左手经左膝上方外拨,落于左膝外侧,右手曲臂,掌心向前,指尖向上,重心移至左腿(见图35)。

图34　　　　　　图35

（5）外摆左脚，然后右手领右腿，向前迈步，右脚跟先着地，右手掌以掌根向前挤出，两眼目视前方（见图36）。

图 36

第八式　掩手肱拳

（1）左手向上画弧落于体前，两手腕相交，两掌心向外，两眼目视前方（见图37）。

（2）摆右脚，右移重心，提左膝（见图38）。

图 37

图 38

(3) 左脚向前45°开步,左移重心,两手掌下分,画弧打开与肩同高,两掌心向下,两眼目视右侧(见图39)。

(4) 右移重心,两手掌画弧上合,右手掌曲肘握拳合于胸前,拳心向上,左手立掌前伸,掌心向右,两眼目视前方(见图40)。

图 39　　　　　　　　图 40

(5) 右腿蹬地,左移重心,右拳螺旋前冲,拳心向下,左拳变"八"字手,曲肘回带于左肋间,力点在肘尖,两眼目视前方(见图41)。

图 41

第九式 金刚捣碓

（1）松右胯、翻右肘，两拳右下左上画弧，两小臂交叉合于体前，左拳心向下，右拳心向上（见图42）。

（2）右移重心，扣左脚，两拳变掌右上左下，向两侧画弧打开，右手掌心向前，指尖向上，左手掌心向下，两眼斜视右侧（见图43）。

图 42　　　　　　　图 43

（3）右手带右腿向后画弧，虚步点于左脚前，两手交叉合于体前，右手掌心向上，左手掌心向下，搭于右臂中节，两眼目视前方（见图44）。

图 44

（4）右手握拳上提，与鼻同高，左手下落于腹前，手掌心向上，曲膝松胯，右拳落于左手掌心内，左手掌心向上（见图45）。

（5）右拳上起里合与鼻同高，同时，曲膝松胯，含胸收腹，右膝上冲，脚放松，与右肘相合（见图46）。

图 45　　　　　图 46

（6）右拳下落于左掌心内，拳心向上，同时右脚震脚下落（右脚落地是一瞬间的实），重心在左腿上（见图47）。

图 47

第十式　撇身捶

（1）右移重心，左腿向左侧开半步，右拳变掌，两手向两侧打开，腕部突出，两手掌心向上（见图48）。

（2）左移重心，两手掌变拳，微左转身体，右拳向左上领起，左拳向下，掌心向后，两眼斜视右侧（见图49）。

图 48　　　　　　　　　图 49

（3）松右胯，左移重心，两拳左上、右下画弧，右拳向左上拦至胸前，腕部突出，左拳下落于左腿外侧，拳心向后，同时，提右腿，向右侧横开步，与左脚平。成式后，有插挡引进之势，两眼目视右侧（见图50）。

图 50

四 经典二十四式陈氏和杨氏养生太极拳

(4) 右移重心,俯身右转,扣左脚,右臂曲肘经右膝下绕过,左臂上抬至左腿上方,拳心向前,头顶百会穴,用意轻轻领起(见图51)。

(5) 左移重心,身体左转,右臂画弧向左拦至胸前,腕部突出,左臂画弧下落至腰间,拳心向后扣右脚(见图52)。

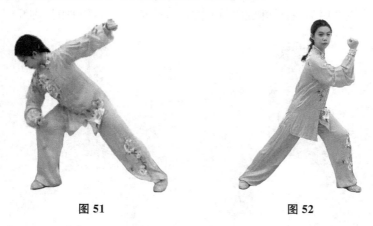

图 51　　　　　　　　　　图 52

(6) 右移重心,左臂曲肘内旋合于腰间(中身法时折腕合于腰间,大身法时拳顶合于腰间),拧腰旋臂,右臂撑圆,拳心向外。成式时,右拳、左肘、左脚三点呈一条直线,两眼目视左侧(见图53)。

图 53

051

第十一式　青龙出水

（1）裆走后弧，松右胯，左移重心，左掌前伸，手掌心向右，右拳螺旋下落收于胸前，两眼目视右侧（见图54）。

（2）左脚用力蹬地，右移重心，左手变"八"字手，曲肘回带于左肋间，力点在肘尖，右拳螺旋向斜下方发力前冲，两眼目视右侧（见图55）。

图54　　　　　　　　　　　图55

第十二式　双推手

（1）右移重心，两手向右侧掤出，两手臂撑圆，右上左下，掌心向外，与肩同高，两眼目视右侧（见图56）。

图56

(2) 重心左移,捋加采,左手掌心向上,右手掌心向前,力点在掌根,两眼目视右侧(见图57)。

(3) 左转身体,扣右脚,摆左脚,提右膝(见图58)。

图 57　　　　　　　　图 58

(4) 右脚向前45°出步,两手放松,向左侧上方摆出,与肩同高,两手掌心向前,右手置于左肩处,两眼斜视左侧(见图59)。

(5) 松右胯,右移重心,沉肩坠肘,两掌平行向右侧前推出,两手掌心向前,左脚蹬地,虚步点于右脚内侧,与肩同宽,两眼目视右侧(见图60)。

图 59　　　　　　　　图 60

第十三式　倒卷肱

（1）松右胯，微右转身体，左手掌心向上前穿，右手掌变"八"字手，沿左小臂后拉于左肘关节处（见图61）。

（2）右掌前推，左手领着左腿，由内向后外45°画弧撤步，重心逐渐移至左腿上，同时左手向后外拨，扣右脚，两手与肩同高，两手掌心向下，两眼目视左侧（见图62）。

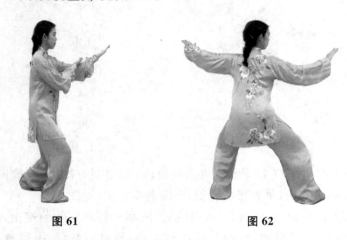

图61　　　　　　　　　　图62

（3）左手折腕曲肘合于左肩处，掌心向前，右臂沉肩、坠肘，手掌心向上，周身蓄合，两眼目视前方（见图63）。

图63

(4)松右胯,提右脚,由内向后外画弧撤步,身体右转,两手在胸前相交后向两侧分开,右移重心,扣左脚,与肩同高,掌心向下,两眼目视右侧(见图64)。

(5)右手折腕,曲肘合于右肩上方,左臂沉肩、坠肘,手掌心向上,周身蓄合,两眼目视前方(见图65)。

图64

图65

第十四式　闪通背

(1)右移重心,左脚蹬地,虚步点于右脚内侧,与肩同宽,两手向前掤出,两臂撑圆,右上左下掌心向外,右手略高于肩,两眼目视前方(见图66)。

图66

（2）左腿向左后45°撤步，左移重心，捋加采，左手掌心向上，右手掌心向前，力点在手掌根，两眼目视右侧（见图67-1、图67-2）。

图 67-1

图 67-2

（3）身体上升，放松右臂，领着右腿内收，虚步点于左脚前，两眼目视前方；右手领着右腿上步，右脚后跟先着地，右手掌心向前，左手掌心向下（见图68-1、图68-2）。

图 68-1

图 68-2

（4）右脚外摆踏实，提左脚向前45°上步，重心在右腿上，两眼目视前方,同时两手左上右下画弧,右掌收于腰间,手掌心向上,左手下按于身前(见图69)。

(5) 松左胯,右脚蹬地,左移重心,同时右手掌向右前方穿掌发力,与眼同高,左手下按于左腿外侧,手掌心向下,两眼目视前方(见图70)。

图 69　　　　　　　　　图 70

第十五式　掩手肱拳

(1) 左移重心,曲膝松胯,右臂放松下沉,左脚内扣,右臂翻起,掌心向上,左臂放松,两眼斜视右侧上方(见图71)。

(2) 提右膝,身体向右后方转身180°,双手右下左上画弧,两腕相交,两手掌心向外,合于体前,两眼目视前方(见图72)。

图 71　　　　　　　　　图 72

(3) 曲膝下蹲,周身蓄合,震右脚落地。曲膝松胯,向左前 45°开步,左移重心,两手下分画弧打开与肩同高,两手掌心向下,两眼目视右侧(见图73)。

(4) 右移重心,两手画弧上合,右手曲肘握拳于胸前,拳心向上,左手立掌前伸,掌心向右(见图74)。

图73　　　　　　　　　　　图74

(5) 右腿蹬地,左移重心,右拳螺旋前冲,拳心向下,左掌曲肘回带于左腰侧,力点在肘尖(见图75)。

图75

第十六式 六封四闭

（1）左移重心，两手向前掤出，两臂撑圆，右上左下，两手掌心向外，与肩同高，两眼目视右侧（见图76）。

（2）左转身体，两手随身体捋加采，待捋到身体中线时，左手掌心向上，右手掌心向前，力点在右手掌根，两眼目视右侧（见图77）。

图76　　　　　　　图77

（3）摆左脚，继续左移重心，提右膝（见图78）。

（4）右脚向右侧铲出，两手放松，向左上方摆出，与肩同高，右手置于左肩处，两眼目视左侧（见图79）。

图78　　　　　　　图79

（5）裆走下弧，右移重心，两手向右侧平行推出，同时左脚蹬地，虚步点于右脚内侧，与肩同宽，左掌推至右肩处，手掌心向右，右掌推至右侧，手掌心向前，两眼目视右侧（见图80）。

图 80

第十七式　单鞭

（1）松右胯，微右转身体，左移重心，左手掌心向上前穿，右手掌变"八"字手，沿左小臂后拉于左肘关节处。右手后拉，与左手前穿，呈反差运行，两眼目视右侧（见图81）。

（2）右移重心，右手折腕变拿法，两眼目视右侧（见图82）。

图 81　　　　　图 82

(3) 右手变勾手,向右侧打开,与肩同高,同时左手收于小腹前,手掌心向上,两眼目视右侧(见图83)。

(4) 曲膝松胯,含胸收腹,提左膝,左手折腕,手掌心向上,两眼目视左侧(见图84-1)。

(5) 身体继续曲膝,下蹲,左脚向左侧铲出,脚内侧先着地(见图84-2)。

图83　　　　　图84-1　　　　　图84-2

(6) 右脚蹬地,左移重心,两眼目视左侧(见图85-1)。

(7) 左脚蹬地,右移重心,两眼目视右侧(见图85-2)。

图85-1　　　　　图85-2

（8）左移重心，同时腰、肩、肘依次向左沉肩、坠肘、提左手，坐腕，劲达中指，指尖与肩同高，两眼目视左侧（见图86）。

图 86

第十八式　云手

（1）继续左移重心，右勾手变掌，向下画弧至小腹前，手掌心向左，两眼目视左侧（见图87）。

（2）右移重心，同时左脚插于右腿后方，两手左下右上画弧，沉肩、坠肘、提右手，右手与眼同高，左手置于小腹前，手掌心向右，两眼目视右侧（见图88）。

图 87　　　　　　　　图 88

四 经典二十四式陈氏和杨氏养生太极拳

（3）左移重心，提右脚向右侧开步，同时，两手左上右下画弧，沉肩、坠肘、提左手，左手与眼同高，右手置于小腹前，手掌心向左，两眼目视左侧（见图89）。

（4）右移重心，两手左下右上画弧，沉肩、坠肘、提右手，右手与眼同高，同时，左脚蹬地插于右腿后方，左手置于小腹前，手掌心向右，两眼目视右侧（见图90）。

图 89　　　　　　　　图 90

（5）左移重心，提右脚，向右侧开步，同时，两手左上右下画弧，沉肩、坠肘、提左手，左手与眼同高，右手置于小腹前，手掌心向左，两眼目视左侧（见图91）。

图 91

第十九式 雀地龙

(1) 右移重心,两手左下右上画弧,沉肩、坠肘、提右手,右手与眼同高,左手置于小腹前,手掌心向右(见图92)。

(2) 左移重心,两手掌右下左上画弧,交叉合于体前,同时提右膝(见图93)。

图 92　　　　　　　　图 93

(3) 震右脚落地,两手掌变拳,左拳心向下,右拳心向上,两眼目视左前方,曲膝下蹲,周身蓄合(见图94-1、图94-2)。

图 94-1　　　　　　　图 94-2

(4) 重心移至右腿上,提左脚,向左前方25°铲出,两拳螺旋打开,身体下降,两眼目视左侧(见图95)。

图 95

第二十式　上步七星

(1) 左移重心,左拳前冲,拳心向里,右拳落于腰肋间。松左胯,微左转身体,左移重心,呈左弓步,左拳上冲,左拳心向内,右拳下落至右腰侧,右拳心向上,两眼目视前方(见图96)。

图 96

(2) 右腿蹬地,上步虚步点于左脚前方,左拳内合,右拳前冲,两眼目视前方(见图97)。

(3)两手腕相交,两拳翻腕外掤,右手在里,左手在外,两拳心向外,两眼目视前方(见图98)。

图 97　　　　　图 98

第二十一式　下步跨虎

(1)两手腕内旋,右拳变掌,向前上穿出,与眼同高,左拳变掌,下按至左胯旁,左手掌心向下(见图99)。

(2)右转身体,右腿向右后方撤步,两手右下左上画弧,右手掌心向下,左手掌心向前,扣左脚尖,两眼目视前方。右转身体,左移重心,右脚外摆(见图100)。

图 99　　　　　图 100

(3)右移重心,上左步虚步点于左侧前,同时两手左上右下,合于胸前,两手掌心相对,两眼目视前方(见图101)。

图 101

第二十二式 当头炮

(1)松右胯,身体略下蹲,右转时,左脚尖与右脚跟用力,右转身体,重心移向左腿,两手左下右上画弧后分开,右手掌心向前,与眼同高,左手下按至左胯旁(见图102-1、102-2)。

图 102-1　　　　　图 102-2

（2）重心移向左腿，摆右脚，渐渐踏实，右转身体，左手领左腿向左前方90°上步，与右脚平，两手变托捋（见图103）。

（3）左移重心，身体向右180°转体，左脚以前脚掌为轴，右脚画后弧落与左脚平，两手托捋不变（见图104）。

图 103　　　　　　　　　　图 104

（4）右移重心，提左膝向前25°出步，左脚向前上步，同时，两手向后捋，两手掌心向外，两眼目视前方（见图105）。

（5）左移重心，两手向前掤出，左上右下，两手掌心向外，两手臂撑圆，与肩同高（见图106）。

图 105　　　　　　　　　　图 106

（6）右移重心，双手下捋至身体中线，两掌变拳，两眼目视前方（见图107）。

（7）松右胯，微右转身体，右脚蹬地，重心左移，两拳随身体向左发力，左拳心向上，右拳心向内，两眼目视前方（见图108）。

图107　　　　　　　　图108

第二十三式　金刚捣碓

（1）右移重心，双拳变掌，两手随身体右转，向右后方托捋，松右胯，身体微右转（见图109）。

图109

（2）裆走下弧，左移重心，两手走下弧，左臂曲肘前掤，腕部突出，右掌下落于右腿胯旁，掌心向前，两眼目视前方（见图110）。

（3）松右胯，右手领着右腿前上点于左脚前方，左手向上画弧，搭于右臂中节，右手掌心向上，左手掌心向前（见图111）。

图110　　　　　　　　图111

（4）右手握拳上提，与鼻同高，左手下落于腹前，手掌心向上，曲膝松胯，右拳落于左手掌心内，左手掌心向上（见图112）。

（5）右拳上起里合，与鼻同高，同时，曲膝松胯，含胸收腹，右膝上冲，脚放松，与肘相合（见图113）。

图112　　　　　　　　图113

(6) 右拳下落于左掌心内,拳心向上,同时,右腿震脚下落(右脚落地是一瞬间的实),重心在左腿(见图114)。

图 114

第二十四式　收势

(1) 右拳变掌,两手翻掌下按(见图115)。

(2) 两手掌外分,与肩同高,两手掌心向上(见图116)。

图 115

图 116

(3) 两手掌心向上,合于身体正上方,两脚后跟跷起,两手掌心相对(见图117)。

（4）两掌变拳落与肩平，两脚踏实(见图118)。

图117　　　　　　　图118

（5）身体下蹲，两拳变掌，螺旋下按与胯平，指尖朝前(见图119)。

（6）身体徐徐站起，两手置于身体两侧，掌心向内(见图120)。

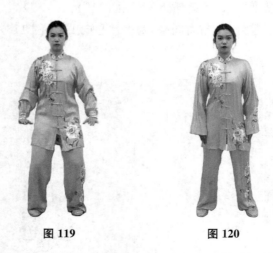

图119　　　　　　　图120

（7）收左脚，两脚跟靠拢，脚尖呈微"八"字，两手中指贴于两侧裤缝，立身中正，两眼目视前方(见图121)。

图 121

2. 24式陈氏养生太极拳动作要求

第一式　太极起式

（1）意念贯注中指领劲，两臂缓缓抬起，与肩同高，两肩放平。两臂抬起时，鼻缓慢吸气，同时束肋、沉气、敛臀，后背与两臂形成对拉劲。

（2）从会阴起，意念引领内气，走脊椎内侧，沿督脉上行，至头顶百会穴。

（3）沉肩坠肘，双掌掌根领劲带动两臂缓缓下按，掌心向下。

（4）两膝微曲，但不挺直。

（5）定势时，曲膝开裆，呼吸自然，心境平抚，意存丹田。

第二式　懒扎衣

（1）双臂相合，双肩开圆、松落。

（2）两手左逆、右顺缠，合劲交叉于胸前。

（3）抬腿开步，身体要先下沉。

（4）两手画弧，由大合转为双顺缠大开。

（5）右手向左顺缠下沉时，要有将右足向右压出之感。

第三式　六封四闭

（1）挑肩架肘,心气上浮则下盘空失。

（2）左臂与右臂相合,全身及双腿同时合紧,要轻要松。

（3）双腿配合双手,重心转移不直来直去。

（4）双掌向上拉弧、连贯,呈上下呼应的姿态。

（5）定势时,松肩沉肘,裆要开圆,双腿松稳。

第四式　单鞭

（1）由腰裆,上行肩、肘、手,下行髋、膝、踝协调运转。

（2）为了保持重心稳定,弓步的两脚须呈前后、左右交错。

（3）腕上提,劲外引,胸延展,拉开为好。

（4）呈弓步时,开始作内气下沉,裆要开圆。

（5）左臂捋式时,气直至手指,通过松胯、膝、踝三关节,使全身舒展大方、架子稳固。

第五式　白鹤亮翅

（1）以腰带臂,边转边分,两手不要停顿。

（2）后腿膝部与脚尖,臀部与脚跟大体相对,膝部不要过于内扣或外撇。

（3）画弧时,动作幅度应避免过大,重点在腹部、臀部、腰部运转。

（4）胸腹部要舒展,形成右腿实左腿虚,右臂虚而左臂实的架子。

（5）双腿作后退时,呈以退为进的姿态,其四肢配合应协同、轻盈,全身合劲在腹部。

第六式　斜行

（1）身体重心变化由右至左,左腿虚,脚跟落地,脚尖翘起。

（2）曲膝松胯,调整双脚呈自然状位置,右腿在左腿提起瞬间,独立持重,双胯下沉,裆要开圆。

（3）脚跟铲出后要踏实,重心不要急于变化,双手合住一贯捋劲,与左腿开步形成了双向拉力,有向外推开的意念。

（4）身体下俯的幅度近贴左大腿处，有横扫一侧的意念，左手腕领劲，右手拉开八面支撑。

（5）动作完成时，双臂展开，松肩曲肘，呈"一"字型。

第七式　搂膝

（1）两手臂呈前举时为吸气，两手臂按落时为呼气，转体手脚时同为吸气。

（2）推掌时，肩略向前倾，上体正直。

（3）双掌向上托起，双肘曲伸两旁，双腿同时向内逆顺缠丝，做到吸劲和含劲。

（4）劲由上抬转向下沉，要求身体下沉时与内气运行保持一致，使整体的合力较为灵活。

第八式　掩手肱拳

（1）撩掌后要垂肘、顺肩，注意周身完整，腰腿协调发力。

（2）前臂弹抖要快速松展，弓步斜向和顺肩程度较前稍大。

（3）发劲时，要同时完成蹬地、转膝、拧腰、扣裆、转胯、顺肩动作。

（4）以双胯的转换为主，双臂配合开与合的动作，切勿双臂紧绷。

（5）右拳与左肘做相对运动，既要保持身体平衡，也可助右拳发力，从而做到集全身之力于一拳。

第九式　金刚捣碓

（1）由发劲转为合劲，要周身浑圆一气，使内劲贯穿始终。

（2）双手由左右、前后、上下相缠绕，开势中含有合劲，要两臂相系，以腰为轴来完成。

（3）力点分明，曲膝松胯，方能稳定，身体不可来回摇晃。

（4）两掌向前时，马步不变，左脚提起时手不动，擦脚推掌同时完成。

（5）右脚震脚落地，两脚间距与肩同宽，同时右拳砸于左掌中，震脚与砸拳应同时完成，气沉丹田。

第十式　撇身捶

（1）由上式的合劲转为开劲，注意两手足之间的虚实变换。

（2）右拳凸腕向下、向右画弧运转是用"折叠"的手法，肩、肘、腕要松柔圆活。

（3）背折靠姿势呈现的一瞬间，要迅速向右拧腰，同时右肩背向右后方轻靠，左肩要有向前的顶劲。

（4）右拳旋转曲臂于右太阳穴上方，与左脚尖有对拉之意，以腰为轴，双臂自然旋转。

（5）左拳贴紧左腰，使右背更加绷紧，动作要周身连贯、上下相随、一气呵成。

第十一式　青龙出水

（1）出拳与重心移动始终贯穿如一线。

（2）发劲时，如同"将物掀起"，在向下的半圈终点带有向上的劲，不可撅臀或用力将胸脯前挺。

（3）整个动作的转换要保持立身中正，以腰为轴转动，不可弯腰弓背，头与肩膀顶劲须保持平稳。

（4）两次"回转"身法，并以身带臂缠绕蓄劲，曲中求直、两臂交错、迅速抖发。

（5）右拳弹出时，左转腰、沉胯、背部在左侧后撑，动作与呼吸要协调一致，形成一个整劲。

第十二式　双推手

（1）两掌回收时，以两肘牵引，前臂扬起回后卷收，不要挟肘过分后收。

（2）在双手前掤和转体时，前掤须拧腰，拧腰须扣裆，转体须松腰，松腰须活裆。

（3）转换步法，须先扣脚，再摆动另一脚，向前推手应弧线前推。

（4）动作过渡时，注意髋部放松下沉，避免肩膀上架，保持平稳过渡，做到沉肩坠肘、含胸拔背，方能圆转顺遂。

第十三式　倒卷肱

（1）向后撤步，重心要控制在前腿，以"转换步"在连续后退中完成开合动作。

（2）在连续后退中，根据"进退须有转换"的要求，在两个退步动作中，须注意手与腿的开合与内劲的转换。

（3）在向左或向右转身带动两臂左右展开时，两臂内旋回收与曲臂结合，趁其反弹之劲迅速转腰合胯，突出动作收展开合、快慢相间的特点。

第十四式　闪通背

（1）双手要弧线相绕，避免直线运行。

（2）身体下沉时，要松肩坠肘；下捋时，重心要稳固；上步劈掌时，手与上步要协调一致。

（3）提手时，不要耸肩吊肘，推掌时，推与翻要同时完成，协调一致。

（4）右掌向前穿出，须与左掌下按、身体左转、旋腰转脊、右腿蹬地同时进行，注意反身转腰与虚实转换的配合。

第十五式　掩手肱拳

（1）撩掌后要垂肘、顺肩，注意周身完整，腰腿协调发力。

（2）前臂弹抖要快速松展，弓步斜向和顺肩程度较前稍大。

（3）发劲时，要同时完成蹬地、转膝、拧腰、扣裆、转胯、顺肩动作。

（4）以双胯的转换为主，双臂配合开与合的动作，切勿双臂紧绷。

（5）右拳与左肘做相对运动，既要保持身体平衡，也可助右拳发力，从而做到集全身之力于一拳。

第十六式　六封四闭

（1）身体向左转时，重心先放右腿，左脚尖外撇，髋部须放松，并注意身体中正，避免前俯后仰。

（2）重心转换时，运用左右拧转来带动，身体保持稳定。

（3）双手在转换过程中，须运用手法做弧线运转，两掌上托至胸

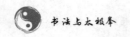

前时要加速制动,体现出顿挫劲。

(4) 上体的转动是"回转"的身法,以腰带动两臂完成由开到合的动作。

(5) 两掌向右前下方按出时,两臂微曲、外撑,同时呼气,含胸拔背。

第十七式　单鞭

(1) 双手在体前各翻转一圈时,须洒脱劲圆。

(2) 右掌变勾手须借助臂缠转向右拉出。

(3) 左手翻掌旋转时,左膝要上领。

(4) 上体做向右、向左"回转"身法。

(5) 定势动作须立身中正、力点分明、沉肩坠肘、曲膝松胯圆裆。

第十八式　云手

(1) 两臂运用"循环"手法,以身带臂,松肩、松腕,并带动四肢协调运动。

(2) 此式为侧行步,走架时对裆部的要求是既不可收夹,也不可张开,应处于适当的撑圆状态。

(3) 身体向左拧转时右腿须扣裆,身体右转时左腿须扣裆。

(4) 右手翻掌时右膝上领,左手翻掌时左膝上领,松胯圆裆。

(5) 重心向右移动时,左脚蹬地、右手上领,左手下随;重心向左移动时,则反之。

第十九式　雀地龙

(1) 仆步下势动作,如韧带较好可将左腿全铺平,但要逐步适应,且不可猛劲下势,以免受伤。

(2) 在重心右移、仆步下蹲时,要放松腰髋,旋转身体,气要下沉,身法随着气息缓落,不可挺胸或僵劲下蹲。

(3) 重心在右,右腿下蹲时,右脚须全脚掌着地,双臂要画弧撑圆。

第二十式　上步七星

(1) 上步架拳时,左拳要有向上弧形冲出之意,与呼气配合。

（2）以脊椎骨带动两手臂，双拳内旋外撑，脊背要有向后的撑劲。

（3）双臂不要夹紧，做到松肩、松肘、松腕。

（4）结合裆腰，腹部逆式运转配合双拳旋转。

第二十一式　下步跨虎

（1）在右手前掤、右腿后撤时，须注意重心的虚实转换。

（2）双手要掤、按、托、捋配合得当，要与身法相呼应。

（3）转体要扣摆分明、身法和手法都要走圆。

（4）当重心移至右脚、左腿前收时，双手要相合向前挤出。

（5）曲膝沉胯与右上左下两手内合形成一个整劲。

第二十二式　当头炮

（1）两拳变掌内旋向下顺缠至腹前，要松肩沉肘，注意不要夹肘。

（2）向前冲拳时，要右脚蹬地，注意放松左髋，以便于旋腰转背，使劲力顺达于两拳。

（3）两掌向左下方捋时要松腰沉胯，上体左转，充分蓄劲；呈弓步时，两臂前冲要快速协调一致。

（4）在发劲过程中，左脚蹬地，曲膝沉胯，迅速向右转腰，力达两拳，以左助右迅速制动，形成抖劲。

第二十三式　金刚捣碓

（1）由发劲转为合劲，要周身浑圆一气，使内劲贯穿始终。

（2）双手由左右、前后、上下相缠绕，开势中含有合劲，要两臂相系，以腰为轴来完成。

（3）力点分明，曲膝松胯，方能稳定，身体不可来回摇晃。

（4）两掌向前时，马步不变，左脚提起时手不动，擦脚推掌同时完成。

（5）右脚震脚落地，两脚间距与肩同宽，同时右拳砸于左掌中，震脚与砸拳应同时完成，气沉丹田。

第二十四式 收势

(1) 在收势中,由动到静,形体和谐,心神相印。

(2) 以深吸缓呼作为动作结束的调整,以呼吸为主,动作配合为辅。

(3) 整个深呼吸过程中,膝盖和髋部还要保持弯曲放松。

(4) 待里外包含气血肢体劲力等都归回原位时,双脚并拢,身体缓缓起立,还原。

(三) 24 式杨氏养生太极拳的动作方法与要求

1. 24 式杨氏养生太极拳动作方法

第一式 起式

(1) 左脚向左分开半步,两脚平行向前,与肩同宽,脚尖朝前,呈开立步。两臂慢慢向前抬起,平举与肩同高、同宽,自然伸直,肘关节微曲,肘尖儿下垂,两手掌心向下,手指微曲,指尖儿向前(见图 122-1、图 122-2)。

(2) 两腿慢慢曲膝半蹲,重心落于两腿之间,同时两手掌心向下,轻轻下按至腹前,立身中正(见图 123)。

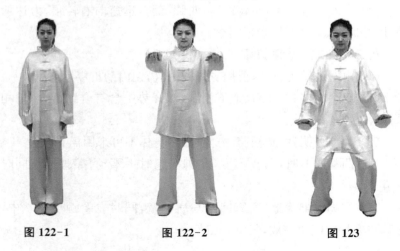

图 122-1　　　　图 122-2　　　　图 123

第二式　左右野马分鬃

（1）微向右转上体，移重心至右腿，同时右臂收回胸前平曲，手掌心向下，左手经体前向右下画弧，手掌心向上，两手掌心相对呈抱球状。左脚随即收到右脚内侧，脚尖轻轻点地，两眼目视右手（见图124）。

（2）微向左转上体，左脚向左前方迈出，右脚跟后蹬，右腿自然伸直呈左弓步，同时顺势左转上体，左右手随转体向左上、右下分开，左手高与眼平，指尖斜向上，右手落在右胯旁，肘微曲，右手掌心向下，两眼目视左手（见图125）。

图 124　　　　　　　图 125

（3）左脚蹬地，左腿伸膝，上体微后坐，移重心到右腿，左脚尖翘起、外撇。随后脚掌落实，左腿曲膝，左转身体，再移重心至左腿，同时左手翻转向下，左臂收至胸前平曲，两手掌心相对呈抱球状。右脚随即收到左脚内侧，脚尖轻轻点地，两眼目视左手（见图126-1、图126-2）。

（4）向右前方迈出右脚，左腿自然伸直呈右弓步，同时上体右转，左右手随转体分别向左下、右上分开，右手高与眼平，右手掌心斜向上，左手落在左胯旁，肘微曲，左手掌心向下，指尖向前，两眼目视右手（见图127）。

图 126-1　　　　图 126-2　　　　　　图 127

（5）右脚蹬地，右腿伸膝，上体微后坐，移重心至左腿，右脚尖翘起、外撇。随后右脚掌慢慢落实，右腿慢慢前弓，右转身体，再移重心至右腿，同时右手翻转向下，右臂收至胸前平曲，左手向右侧上画弧，两手掌心相对呈抱球状，左脚随即收到右脚内侧，脚尖轻轻点地，两眼目视右手（见图 128-1、图 128-2）。

（6）向左前方迈出左脚，右腿自然伸直呈左弓步，同时左转上体，左右手随转体分别向右下左上分开，左手高与眼平，左手掌心斜向上。右手落在右胯旁，肘微曲，右手掌心向下，指尖向前，两眼目视左手（见图 129）。

图 128-1　　　　图 128-2　　　　　图 129

第三式　白鹤亮翅

（1）跟步合抱，前移重心，微向左转上体，左手掌心向下，左臂平曲胸前，右手向左上画弧，右手掌心转向上与左手呈抱球状，两眼目视前方（见图130）。

图 130

（2）转身后坐，右脚跟进半步，移重心至右腿，先向右转上体，面向右前方，两眼看右手；然后稍向前移左脚，左脚脚尖轻轻点地，呈左虚步，同时，再稍微向左转上体，面向前方，两手随转体慢慢向右上、左下分手，右手上提，停于右额前，右手掌心向左后方，左手落于左胯前，左手掌心向下，指尖向前，两眼目视前方（见图131-1、图131-2、图131-3）。

图 131-1　　　　图 131-2　　　　图 131-3

第四式　左右搂膝拗步

（1）右手从体前下落，由下向后上方画弧至右肩外，与耳同高，右手掌心斜向上；左手由左下向上，再向右画弧至右胸前，左手掌心斜向下，同时先稍微向左转上体，再向右转，左脚收至右脚内侧，左脚脚尖轻轻点地，两眼看右手方向；左转上体，向前迈出左脚，呈左弓步，同时右手曲回，经耳侧立掌向前推出，与鼻尖同高。左手掌心向下，由左膝前搂过，落于左胯旁，立身中正，左手指尖向前，两眼目视右手（见图132-1、图132-2、图132-3、图132-4）。

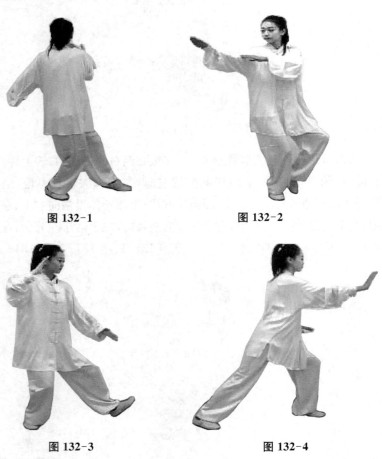

图 132-1　　　　　　　　图 132-2

图 132-3　　　　　　　　图 132-4

（2）右腿曲膝，后坐上体，移重心至右腿，左脚尖翘起、外撇，随后左脚掌落实，左腿前弓，左转身体，移重心至左腿，右腿收到左脚内侧，右脚尖轻轻点地，同时左手向外，左手掌由左后向上画弧至左肩外侧，肘微曲，手与耳同高，左手掌心斜向上。右手随转体向上，再向左下画弧落于左胸前，右手掌心斜向下，两眼目视左手；右转上体，右脚向前偏右迈出呈右弓步，同时左手曲回，经耳侧向前推出，与鼻同高。右手掌心向下由右膝前搂过，落于右胯旁，立身中正，指尖向前，两眼目视左手（见图133-1、图133-2、图133-3、图133-4）。

图 133-1　　　　　　　图 133-2

图 133-3　　　　　　　图 133-4

（3）左腿曲膝，后坐上体，移重心至左腿，右脚尖翘起、外撇，随后右脚掌落实，右腿前弓，右转身体，移重心至右腿，左腿收到右脚内侧，左脚尖轻轻点地，同时右手向外，右手掌由右后向上画弧至右肩外侧，肘微曲，手与耳同高，右手掌心斜向上。左手随转体向上，再向右下画弧落于右胸前，左手掌心斜向下，两眼看右手。左转上体，左脚偏左向前迈出呈左弓步，同时右手曲回经耳侧向前立掌推出，高与鼻尖平。左手掌心向下由左膝前搂过，落于左胯旁，立身中正，指尖向前，两眼目视右手（见图134-1、图134-2、图134-3、图134-4）。

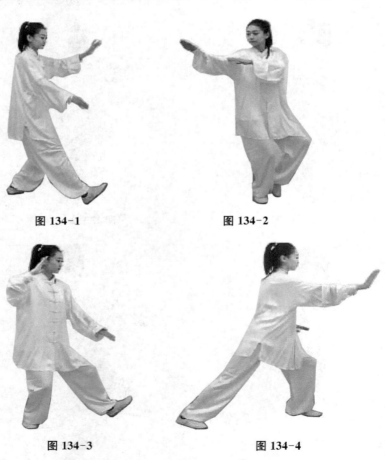

图134-1　　　　　　　　图134-2

图134-3　　　　　　　　图134-4

第五式　手挥琵琶

（1）右腿向前跟进半步，脚前掌轻落于左脚后，相距约一脚，稍向前伸展右臂，手腕放松（见图135）。

（2）后移重心，右脚踏实，左脚跟提起，微右转上体，左手先向左再向上画弧，摆至体前，左手掌心斜向下。右手曲臂后引，收至胸前，右手掌心斜向下（见图136）。

（3）微向左回转上体，前移左脚，脚跟着地，呈侧身左虚步，两臂外旋曲抱，两手前后交错，两手侧掌合于体前，左手与鼻相对，左手掌心向右，右手与左肘相对，右手掌心向左，两臂呈抱琵琶态势，两眼目视左手（见图137）。

图135　　　　　　　　图136　　　　　　　　图137

第六式　左右倒卷肱

（1）重心在右腿，稍右转上体，右手翻掌，掌心向上，经腹前由下，向后上方画弧平举，与肩同高；外翻左手掌心向上止于体前，两眼视线随向右转体先向右看，再转向前方看左手（见图138）。

图 138

（2）右臂曲肘卷收，右手折收至肩上，经耳侧向前推出，右手掌心向前，左臂曲肘后撤，左手掌心向上，撤至左肋外侧，同时左腿轻轻提起，向后偏左折线退一步，左脚掌先着地，全脚慢慢落实，移重心到左腿上，呈右虚步，右脚随转体，以脚掌为轴转正，两眼目视右手（见图 139-1、图 139-2）。

图 139-1   图 139-2

（3）微向左转上体，同时随转体左手向后上方画弧平举，左手掌心向上，右手随即翻掌，右手掌心向上。两眼随转体先向左看，再转向前方看右手,连续后退四步(见图140-1、图140-2、图140-3)。

图140-1　　　　　　图140-2　　　　　　图140-3

第七式　左揽雀尾

(1)微向右转上体,同时右手随转体由腰侧向右后上方画弧,平举与肩同高,右手掌心向上,两臂平举于体侧,左手在体前放松,随转体左手掌心开始翻转向下(见图141)。

图141

(2)随势右转上体,右手曲臂抱于右胸前,右手掌心翻转向下,左手画弧下落,曲抱于腹前,左手掌心转向上,两手上下相对呈抱球状,左脚收至右脚内侧,脚尖轻轻点地,两眼目视右手(见图142)。

089

（3）微向左转上体，左脚向左前方迈出一步，脚跟着地（见图143）。

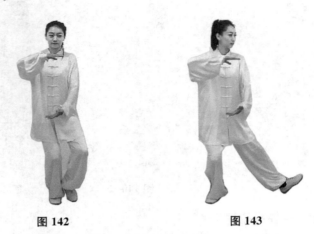

图142　　　　　　　图143

（4）左转上体，前移重心，左脚踏实，左腿曲膝前弓，右腿蹬直呈左弓步。两手前后分开，左臂半曲向体前掤架，腕高与肩平，左手掌心向内，右手向下画弧，按于右胯旁，右手掌心向下，两眼目视前方（见图144）。

图144

（5）微向左转上体，左手向左前方伸出，左手掌心转向下，右前臂外旋,右手经腹前向上,再向前伸至左前臂内侧,右手掌心向上,两眼目视左手(见图145)。

(6)右转上体,同时,两手向下经腹前向右后方画弧后捋。右手后举于身体侧后方,与头同高,左臂平曲于胸前,左手掌心向内,后移重心,身体后坐,右腿曲膝,左腿自然伸直,两眼目视右手(见图146)。

图 145　　　　　　图 146

(7)微左转上体,右臂曲肘,右手回收向前搭于左手腕内侧,右手掌心向前。左前臂曲于胸前,左手掌心向内,指尖向右,两眼目视左手腕。前移重心,左腿曲弓,右腿蹬直呈左弓步,右手推送左前臂向前挤出,与肩同高,两手臂撑圆,两眼目视手腕处(见图147)。

图 147

(8) 后移重心,上体后坐,右腿曲膝,左腿自然伸直,左脚尖翘起。左手翻转向下,右手经左手腕上方向前伸出,右手掌心也向下,两手左右分开与肩同宽,两臂曲肘,两手弧线后引,经胸前收至腹前,两眼目视前方(见图148)。

(9) 前移重心,左脚踏实,左腿曲弓,右腿自然蹬直呈左弓步。两手沿弧线推按至体前,两手腕与肩同高、同宽,两手掌心均向前,指尖向上,两眼目视前方(见图149)。

图 148　　　　　　　　图 149

第八式　右揽雀尾

(1) 后移重心,右转上体,左脚尖内扣,右手经头前画弧右摆,右手掌心向外,两手平举于身体两侧,头及目光随右手转移(见图150-1、图150-2)。

(2) 左腿曲膝,左移重心,右脚收至左脚内侧,右脚脚尖轻轻点地,左手曲抱于左胸前,右手曲抱于腹前,两手掌心上下相对,在左肋前呈抱球状,两眼目视左手腕处(见图151)。

(3) 微向右转上体,右脚向右前方迈出一步,右脚跟轻轻着地(见图152)。

图 150-1　　　　　图 150-2

图 151　　　　　图 152

(4) 右转上体,前移重心,右脚慢慢踏实,右腿曲膝前弓,左腿蹬直呈右弓步。两手前后分开,右臂半曲向体前掤架,右手腕高与肩平,右手掌心向内,左手向下画弧,按于左胯旁,左手掌心向下,五指向前,两眼目视右前臂(见图153)。

(5) 微向右转上体,右手向右前方伸出,右手掌心翻转向下,左前臂外旋,左手经腹前向上,再向前伸至右前臂内侧,左手掌心向上,两眼目视右手(见图154)。

图 153

图 154

（6）右转上体，同时两手向下经腹前向左后方画弧后捋。右手举于身体侧后方，与头同高，左臂平曲于胸前，掌心向内，后移重心，身体后坐，右腿曲膝，左腿自然伸直，两眼目视右手（见图155）。

（7）左转上体，正对前方。右臂曲肘，右手回收向前搭于左腕内侧，右手掌心向前。左前臂仍曲于胸前，左手掌心向内，指尖向右，眼视左手腕。前移重心，左腿曲弓，左腿蹬直呈右弓步，左手推送右前臂向前挤出，与肩同高，两手臂撑圆，两眼目视右手腕处（见图156）。

图 155

图 156

(8) 后移重心,上体后坐,左腿曲膝,右腿自然伸直,右脚尖翘起。右手翻转向下,左手经右手腕上方向前伸出,左手掌心也向下,两手左右分开与肩同宽,两臂曲肘,两手弧线后引,经胸前收至腹前,两眼目视前方(见图157)。

(9) 前移重心,右脚踏实,右腿曲弓,左腿蹬直呈右弓步。两手沿弧线推按至体前,两手腕与肩同高、同宽,两手掌心均向前,指尖向上,两眼目视前方(见图158)。

图157　　　　　　　　　　图158

第九式　单鞭

(1) 转体摆臂,上体后坐,逐渐转移身体重心至左腿上,右脚尖内扣,同时左转上体。两手左高右低向左画弧,直至左臂平举,伸于身体左侧,左手掌心向左,右手经腹前运至左肋前,右手掌心向后上方,两眼目视左手腕处(见图159)。

(2) 身体重心移至右腿上,上体右转,左脚向右脚靠拢,左脚尖轻轻点地,同时右手向右上方画弧,右手掌心由里转向外,至右斜前方时变勾手,略高于肩。左手向下经腹前向右上画弧停于右肩前,左手掌心向里,两眼目视左手(见图160)。

图 159　　　　　图 160

（3）转体迈步，微向左转上体，左脚向左前侧方迈出，右脚跟后蹬呈左弓步，在重心移向左腿的同时，左手掌随上体顺势左转，左手向前翻转推出，左手掌心向前，手指与眼齐平，肘微曲，两眼目视左手（见图161）。

图 161

第十式　云手

（1）移身体重心至右腿上，身体逐渐向右转，左脚尖内扣，左手经腹前向右上画弧至右肩前,左手掌心斜向后,两眼目视左手(见图162)。

（2）左转上体,左移重心,左手由脸前向左画弧,左手掌心转向左方,右勾手变掌,由右下经腹前向左上画弧至左肩前。右手掌心斜向后,同时进右脚靠近左脚,呈小开立步,两脚距离约20厘米,两眼目视右手(见图163)。

图162

图163

（3）右手向右画弧,右手掌心翻转向右,左腿向左横跨一步,上体再向右转,同时左手经腹前向右上画弧至右肩前,左手掌心斜向后,两眼目视左手,连续三步(见图164-1、图164-2)。

图164-1

图164-2

第十一式　单鞭

(1) 右手随之向右运转,至右侧方时变勾手,左手经腹前向右上画弧至右肩前,左手掌心向内,两眼目视左手(见图165)。

(2) 微向左转上体,左脚向左前侧方迈出(见图166)。

图 165　　　　　　图 166

(3) 右脚后蹬呈左弓步,在重心移向左腿的同时,上体继续左转,左手掌向前翻转推出,呈单鞭势(见图167)。

图 167

第十二式　高探马

（1）右脚跟进半步，后移重心到右腿上。右勾手变掌，两手掌心翻转向上，两肘微曲。身体同时微向右转，左脚跟渐渐离地，两眼目视前方（见图168）。

（2）重心后坐，微向左转上体，右手掌经右耳旁向前推出，手掌心向前，手指与眼同高。左手收至左侧腰前，左手掌心向上，同时左脚微向前移，左脚尖儿轻轻点地呈左虚步，两眼目视前方（见图169）。

图168

图169

第十三式　右蹬脚

（1）右手掌心向上，两手相互交叉，随即向两侧分开，向下画弧，两手掌心斜向下，同时提起左脚，向左斜方进步，左脚尖外撇，前移重心，右腿蹬直呈左弓步，两眼目视前方（见图170）。

（2）两手继续向下画弧并向外翻转，至腹前交叉，右手在外，两手掌心均向后，接着两手同时上托于胸前，同时右脚向左脚靠拢，右脚尖轻轻点地，两眼目视双手（见图171）。

（3）两臂左右画弧分开平举，肘微曲，立掌，两手掌心均向外，同时右腿曲膝提起，右脚向右前方慢慢蹬出，两眼目视右手腕处（见图172）。

图 170　　　　　图 171　　　　　图 172

第十四式　双风贯耳

（1）右腿曲膝收回，右脚尖自然下垂，左手由后向上，再向前下落至体前，两手掌心均翻转向上，两手同时向下画弧，分落于右膝两侧，两眼目视前方（见图173）。

（2）右脚向右前方落步，前移重心呈右弓步，面向右前方，同时两手下落，慢慢变拳，分别从两侧向上，再向前画弧至前方，两拳拳锋相对，距离略窄于肩，高与耳齐，两眼目视双拳（见图174）。

图 173　　　　　　　　图 174

第十五式　转身左蹬脚

（1）左腿曲膝后坐，重心移至左腿，左转上体，右脚尖内扣，同时两拳变掌，由上向左右画弧，分开平举，两手掌心向前，两眼目视左手（见图175）。

（2）再移重心至右腿，左脚收至右脚内侧，左脚尖轻轻点地，同时两手由外向下、向里画弧合抱于胸前，左手在外，两手掌心均向后，两眼目视前方（见图176）。

（3）两臂向上向左右画弧，分开平举，肘微曲，两手掌心均向外，同时左腿曲膝提起，左脚向左前方慢慢蹬出，两眼目视左手腕处（见图177）。

图175　　　　　　图176　　　　　　图177

第十六式　左下势独立

（1）左腿回收，平曲，稍微右转上体，右手掌变勾手；左手掌向上向右画弧下落，立于右肩前，左手掌心斜向后，两眼目视右手腕处（见图178）。

（2）右腿曲膝下蹲，左腿由内向左侧偏后方向伸出，呈左仆步，同时左手掌心向外下落，并沿左腿内侧向前穿出，两眼目光随左手向前（见图179）。

图 178　　　　　　　　图 179

（3）前移重心，左脚尖尽量向外撇，左腿前弓，右腿后蹬呈左弓步，右脚尖里扣，稍微向左转上体，并向前抬起，同时左臂继续向前立掌伸出，左手掌心向右，右勾手向里旋转下落，勾尖向后，两眼目视左手（见图 180）。

（4）右腿曲膝提起呈左独立式，同时右勾手变掌，并由后下方顺右腿外侧向前弧形提起，曲臂立于右腿上方，肘与膝相对，右手掌心向左，左手落于左胯旁，左手掌心向下，指尖向前，两眼目视前方（见图 181）。

图 180　　　　　　　　图 181

第十七式　右下势独立

(1) 右脚下落于左脚前,右脚尖轻轻点地,以左脚前掌为轴,脚跟碾动,身体随势左转,同时左手向后平举变勾手,右手掌随转体向左侧画弧立于左肩前,右手掌心斜向后,两眼目视左手(见图 182)。

(2) 左腿曲膝下蹲,同时,右腿由内向右侧后伸出,呈右仆步;右手掌心下落,向右下方顺右腿内侧前穿,两眼目光随右手向前(见图 183)。

图 182　　　　　图 183

(3) 前移身体重心,以右脚跟为轴,右脚尖微向外撇,右腿前弓,左腿后蹬,左脚尖里扣,上体稍微向右转,起身,同时,右臂继续立掌向前伸出,右手掌心向左,左勾手向里旋转下落,勾尖向后,两眼目视前方(见图 184)。

(4) 向上提起左膝,呈右独立式,左勾手变掌,由后下方顺左腿外侧向前弧形上挑,曲臂立于左腿上方,肘、膝相对,左手掌心向右,右手同时落于右胯旁,右手掌心向下,指尖向前,两眼看左手方向(见图 185)。

图 184　　　　　　　图 185

第十八式　左右穿梭

（1）微向左转身体，左脚向前落地，左脚尖外撇，右脚跟离地，两腿曲膝半蹲，同时两手在左胸前呈抱球状，两手掌心相对；右脚收到左脚内侧，右脚尖轻轻点地，两眼目视前方（见图186）。

（2）右转身体，右脚向右前方迈出，曲膝呈右弓步，同时右手经脸前向上翻掌，停架在右额前，右手掌心斜向上；左手先向左下，再经体前向前推出，高度与鼻尖齐平，左手掌心向前，两眼目视左手（见图187）。

图 186　　　　　　　图 187

（3）先略向后移重心，右脚尖稍向外撇，然后移重心至右腿，左脚跟进，停于右脚内侧，左脚尖轻轻点地，同时两手左下右上在右胸前呈抱球状,两眼目视前方(见图188)。

(4) 左转身体,左脚向左前方迈出,呈左弓步;同时,左手由脸前上举架于左额前,左手掌心斜向上;右手向右下,再经体前向前推出,与鼻尖同高,右手掌心向前,两眼目视前方(见图189)。

图 188　　　　　图 189

第十九式　海底针

(1) 右脚向前跟进半步,移重心至右腿,左脚稍向前移,左脚尖轻轻点地,呈左虚步,同时稍向右转身体,右手下落,经体前向后再向上提抽至肩上耳旁,随身体左转,由右耳旁斜向前下方插。右手掌心向左,指尖斜向下;同时左手向前,向下画弧,落于左胯旁,左手掌心向下,指尖向前,两眼目视前下方(见图190-1、图190-2)。

图 190-1　　　　　图 190-2

第二十式　闪通臂

（1）稍向右转上体，左脚向前迈出，曲膝呈左弓步，同时右手经体前上提，右手掌心翻转斜向上（见图191）。

（2）拇指朝下，上提左手，经胸前推出，高与鼻尖平，左手掌心向前，两眼目视前方（见图192）。

图191

图192

第二十一式　转身搬拦捶

（1）上体后坐，身体重心移至右腿上，左脚尖内扣，身体向右后转，移身体重心到左腿上，同时右手掌变拳，随转体向右，再向下经腹前画弧至左肋旁，右手拳心向下，两眼目视前方（见图193-1、图193-2）。

图193-1

图193-2

(2) 右转上体,左手掌在胸前下按至腹前,左手掌心向下,指尖朝前,同时右拳经胸前向外翻转格挡出,右手拳心向上,同时右脚回收,经左脚内侧向前迈出,右脚尖外撇,两眼目视右拳(见图194)。

(3) 移重心至右腿,左脚向前迈出一步,左手经左侧向前上画弧拦出,左手掌心向右,同时右拳向右画弧收到右腰旁,右手拳心向上,两眼目视左手腕处(见图195)。

图 194　　　　　　　图 195

(4) 左腿曲膝呈左弓步,同时,右拳向前冲出,拳眼向上,高于胸平。左手附于右前臂里侧,两眼目视前方(见图196)。

图 196

第二十二式　如封似闭

（1）右拳变掌，两手掌心向内翻转，两手掌心向上，左手由右手腕下面向前伸出，左右分开并曲肘回收，同时身体后坐，重心移到右腿，左脚尖翘起，两眼目视前方（见图197）。

图 197

（2）两手在胸前向内翻掌，经腹前向上、向前推出。两手腕部与肩平，两手掌心向前，同时左腿曲膝呈左弓步，两眼目视前方（见图198-1、图198-2）。

图 198-1　　　　　　　　图 198-2

第二十三式　十字手

（1）曲膝后坐，移重心至右腿，左脚尖内扣，右转上体。右手随着转体向右平摆画弧，与左手呈两臂侧平举，两手掌心向前，肘微曲，同时右脚尖随着转体向外撇，呈左横裆步，两眼目视右手（见图199）。

图 199

（2）移重心至左腿，右脚尖内扣，随即向左回收，两脚距离与肩同宽。两腿蹬直呈开立步，同时，两手向下经腹前向上画弧，腕部交叉合抱于胸前，两手臂撑圆，腕高与肩平，右手在外呈十字手，两手掌心均向后，两眼目视前方（见图200-1、图200-2）。

图 200-1　　　　　　　图 200-2

第二十四式　收势

（1）两手向下翻掌，左手在上，右手在下，两手分开，两手掌心向下，两臂慢慢落下，停于腹前，两眼目视前方（见图201）。

（2）左脚向右脚内侧提收，两脚跟并拢，身体自然直立，两眼目视前方（见图202-1、图202-2）。

图 201　　　　　图 202-1　　　　　图 202-2

2. 24式杨氏养生太极拳动作要求

预备势也叫无极桩

（1）松沉入静、呼吸顺畅、神态自然、精神集中。

（2）双臂沿身体自然下垂、沉肩、身体放松、颈项放松、目光平视、微收下颚。

第一式　起式

（1）身体放松；气息自然、主动、稳固，精神凝聚。

（2）双臂上举不能快、不耸肩、不抬肘、不直臂；双臂下落有主动意识，不散软；手腕不松塌，手指不下垂、不上翘，双手掌心向下。

（3）两手前举时，身体重心稳固，不上浮；两脚微抓地、踏实有根，不漂浮；配合吸气，肩带肘、肘带腕。

（4）曲蹲下按时，有落臀、收腹、缩胯意识，立身中正、气沉丹田、含胸拔背、虚灵顶劲；配合呼吸，腕带肘、肘带肩。

（5）身体重心落于两脚之间，两臂的下落和身体的下蹲要同时、协调。

（6）筋肉松弛，有依附骨骼之无意识更佳。

第二式　左右野马分鬃

（1）两手前后分展时，两臂要弯曲舒展，伸臂但不僵直；意在左右臂外侧(即桡骨侧)。

（2）腰是主宰,腰部旋转带动肩臂,立身中正,腕指不松软,沉肩坠肘,丹田适度收紧。

（3）前腿膝盖不过脚尖,后腿不过于弯曲或僵直。

（4）在"左右野马分鬃"的转换中,身体起伏不能大。

（5）腰脊用力不僵硬,转动要灵活,保持内在掤劲不丢。

第三式　白鹤亮翅

（1）左弓步抱球时,沉肩坠肘,两臂保持弧形,不僵直。

（2）左虚步分手时,手指舒展伸开,立身中正,丹田发力,跟着腰的旋转,手臂不僵直;意在左虎口外侧。

（3）定势时,两腿虚实清晰,左脚尖点地,要承担大约30％的体重。

（4）左脚尖不要过于里扣或外撇,右腿不过于外展或敞裆。

（5）右手上举亮掌时,不凹腹凸臀,立身中正,含胸拔背,沉肩坠肘。

（6）右脚跟步时,不拖泥带水、立身中正,通过腹部、胯根的调整,收腿前行。

（7）后移身体重心和上提右手、下按左手要协调一致。

第四式　左右搂膝拗步

（1）转身摆掌收左脚时,要通过腰的旋转来带动躯干和双臂动作,两手在胸前画弧格挡,不要做成两手胸前的横向交叉画弧。

（2）两手的画弧与转体协调一致,劲力要贯通两臂。

（3）左弓步搂膝推掌时,身体转动要灵,呼吸顺畅,两手随腰的转动而转动,腰的旋转是主动,躯干与手臂是被带动;搂膝手要靠近膝部,不过高或过远;推掌用力顺达,重心不偏向推手的手一侧,保持身体平衡。

（4）推掌时,意念在劳宫穴和食指处,与异侧手掌的搂膝要协调。

（5）推掌时要经耳旁向前推出,不亮肘、露肋。

（6）推掌时，迈脚、转体、搂膝、推掌配合协调，不能机械、脱节，要立身中正、两眼平视、气沉丹田、含胸拔背。

（7）脚前收时，通过内劲的发放，微瞪地面，不能放松丹田，重心起伏不能过大的蹬地而起。

（8）在整个动作的转换中，提脚、落脚要主动、轻灵，不过快或落脚沉重，立身中正，身体重心不能起伏过大；行功时，要有保持身形内外"合"的态势。

第五式　手挥琵琶

（1）左臂放松沉肩，左手向上画弧，不直臂挑捌；右臂自然弯曲，右手回收采抱，上下肢完成动作要同时。

（2）定势后，不耸肩、夹腋、双臂紧张以及身体前俯突臀，要立身中正。

（3）不能用左脚尖儿点地，用脚跟着地，脚尖儿上翘不过度。

（4）提步、落步的用力要均匀，不能突然蹬地或砸地。

（5）当右脚向前跟步时，身体不完全呈站立姿势；当重心后移呈虚步时，身体不过于向下曲蹲。

第六式　左右倒卷肱

（1）左右倒卷肱时，前手回撤走弧形，不能曲臂直线回抽。

（2）左右倒卷肱时，前推的手不伸直，不向下劈盖，要经耳旁向前推出，意守劳宫穴与适度弯曲的食指。

（3）左右倒卷肱时，腰胯转动要灵活，带动躯干和手臂的动，腰胯与手臂、眼神要协调。

（4）左右倒卷肱时，要一动无有不动，脚手协调，上下协调。

（5）左右倒卷肱时，立身中正，含胸拔背，重心平稳，不要过度起伏。

（6）左右倒卷肱时，气沉丹田、有开合意识，有周身整劲，用内力不用拙力。

（7）呼吸与动作要协调。

第七式　左揽雀尾

（1）两手在做"左弓步掤臂"即"左掤右采"之时，由于左臂"掤"

的行功路线短于右手"采"的行功路线,因而在练习的过程中,注意不能左臂已经完成"掤"的动作,而右掌还在做下"采"动作,两手掌的反向动作要同步。

(2)左弓步掤臂时,两脚要相随,右蹬腿和左腿弓步要同步完成。

(3)左弓步掤臂时,要手到脚到,脚到手到。

(4)左弓步掤臂时,脚、胯要协调,当左弓步到位后,前胯收沉、膝尖、鼻尖和左掌心在一条直线上,动作顺达、下肢要稳固。

(5)左弓步掤臂时,肩、胯相合,两肩和两胯能上下对齐,达到齐进、齐退、齐转,要不先不后。

(6)左弓步掤臂时,左前臂不高过肩,左臂不过曲或过伸,不抬肘、不提腕。

(7)左弓步掤臂时,两手掌指不能软缩无力或僵硬挺直,劲点要在前臂。

(8)左弓步掤臂时,两手不散乱,要合而协调。

(9)左弓步掤臂时,以腰带手,沉肩、腋下放松,两眼平视。

(10)捋手时,在向右下捋手的过程中,两手不能向后直抽,要有意识地向下捋压和向右下拉,要走弧形曲线,顺势而带。

(11)两臂下捋时,两臂不能过于贴身,要腋下虚空,似虚非虚。

(12)两臂捋手时,两腿重心移动,虚实要分明,立身中正,上体不能俯仰歪斜。

(13)向左挤手时,不能耸肩抬肘,举臂不过肩,上体不能向右侧倾斜。

(14)向左挤手时,两臂要撑圆,劲点在后手即右手掌心,挤劲方向要正。

(15)向左挤手时,保持上体中正,挤的动作与松腰、沉胯、弓腿之劲要一致。

(16)向左按手时,两手掌回抹和前按不能平来直去,要走弧线。

(17)向左按手时,两手的腕指不松软,不能抬肘直臂。

(18) 向左按手时,不能由下向上挑臂或由外向内合掌,要意在劳宫穴,劲点在两手掌根儿。

(19) 向左按手时,腰胯转动带动躯干与双臂,动作放松,重心平稳,腰胯转动不能过大,避免动作散乱、松软、飘浮。

第八式　右揽雀尾

(1) 两手在做"右弓步掤臂"即"右掤左采"之时,由于右臂"掤"的行功路线短于左手"采"的行功路线,在练习的过程中,要注意不能右臂已经完成"掤"的动作,而左掌还在做下"采"动作,两手掌动作要同步。

(2) 右弓步掤臂时,两脚要相随,左蹬腿和右腿弓步要同步完成。

(3) 右弓步掤臂时,要手到脚到,脚到手到。

(4) 右弓步掤臂时,脚、胯要协调,当右弓步到位后,前胯收沉,膝尖、鼻尖和左掌心在一条直线上,动作顺达、下肢要稳固。

(5) 右弓步掤臂时,肩、胯相合,两肩和两胯能上下对齐,达到齐进、齐退、齐转,不先不后。

(6) 右弓步掤臂时,右前臂不高过肩,右臂不过曲或过伸,不抬肘、不提腕。

(7) 右弓步掤臂时,两手掌掌指不能软缩无力或僵硬挺直,劲点要在右前臂(桡骨侧)。

(8) 右弓步掤臂时,两手不能散乱,要合而协调。

(9) 右弓步掤臂时,要以腰带手,沉肩,腋下放松,两眼平视。

(10) 将手时,在向左下将手的过程中,两手不能向后直抽,要有意识地向下将压和向左下拉,要走弧形曲线,顺势而带。

(11) 两臂下将时,两臂不能过于贴身,要腋下虚空,似虚非虚。

(12) 两臂将手时,两腿重心的移动要虚实分明,立身中正,上体不能俯仰歪斜。

(13) 向右挤手时,不能耸肩抬肘,举臂不过肩,上体不能向左侧倾斜。

(14) 向右挤手时,两手臂要撑圆,劲点在后手即左手掌心,挤劲方向要正。

(15) 向右挤手时,保持上体中正,挤的动作与松腰、沉胯、弓腿之劲要一致。

(16) 向右按手时,两手掌回抹和前按不能平来直去,要走弧线。

(17) 向右按手时,腕指不能松软,不抬肘直臂。

(18) 向右按手时,不能由下向上挑臂或由外向内合掌,要意在劳宫穴,劲点在两手掌根。

(19) 向右按手时,腰胯转动带动躯干与双臂,动作放松,重心平稳,腰胯转动不能过大,避免动作散乱、松软、飘浮。

第九式　单鞭

(1) 转身扣脚云手时,移动重心要协调;上下肢配合要协调;上体左转,两手左高右低向左画弧,直至左臂平举,左手掌心向左;右手经腹前运动到左肋前,右手掌心要斜向上;两眼要看左手。

(2) 右手在向右上方画弧的同时,右手掌心要由里转向外,当运动到右侧方时,要变勾手,略高于肩;左手配合右手向下经腹前向右上画弧运动到右肩前,左手掌心要向里;两眼要看右手。

(3) 左弓步拴掌时,头要虚领顶劲,做到腰松、肩沉、含胸、坐腕、收腹。

(4) 左弓步拴掌时,左手翻掌不能太快或突然翻掌前推。

(5) 左弓步拴掌定势后,双臂放松,要用力适度不僵直、不松塌。

(6) 左弓步拴掌时,两手臂要有对拉之势,重心或劲点要略微偏向左侧。

第十式　云手

(1) 并步左云手时,身体转动要以腰为轴,带动四肢转动,保持身体的纵心轴是从"百会穴"到"会阴穴"的垂直线不偏左也不偏右,更不超出体外。

(2) 云手时,要头正、颈直、两肩平齐,重心要平稳。

(3) 云手时,曲臂不能过大,举手不能过头。

（4）云手时，两手画立圆，相交，运转幅度不过大，也不过小。

（5）云手时，脚下要虚实分明，不突然开步，不全脚着地，收步不拖脚。

（6）两手掌运转时，要与"转腰胯"配合，不能低头猫腰，不能把注意力仅仅放在手上，要注意与腰的配合、与头的配合、与腿的配合。不能孤立地摆动两手，动作配合协调而完整，双目要有神。

（7）侧行步时，两脚不能外撇，不能扭腰摆臀。

第十一式　单鞭

（1）右手在向右上方画弧的同时，手掌心要由里转向外，当运动到右侧方时，变勾手，略高于肩；左手配合右手向下经腹前向右上画弧运动到右肩前，左手掌心要向里，两眼要看右手。

（2）左弓步拴掌时，头要虚领顶劲，做到腰松、肩沉、含胸、坐腕、收腹。

（3）左弓步拴掌时，左手翻掌不能太快或突然翻掌前推。

（4）左弓步拴掌定势后，双臂放松，用力要适度，不僵直、不松塌。

（5）左弓步拴掌时，两臂要有对拉之势，重心或劲点略微偏向左侧。

第十二式　高探马

（1）左虚步探掌时，前手回撤要走弧形线，不能曲臂回抽。

（2）左虚步探掌时，手臂与腰胯动作要协调，头转腰胯也要配合转。

（3）左虚步探掌时，双腿不能直立，双臂不能挺直。

（4）左虚步探掌时，重心不能上下起伏。

第十三式　右蹬脚

（1）右蹬脚撑掌时，要沉肩坠肘，重心平稳。

（2）右蹬脚撑掌时，分手和蹬脚要上下协调。

（3）右蹬脚撑掌时，右臂与右腿上下相对。

（4）右蹬脚撑掌时，支撑腿适度弯曲。

第十四式　双峰贯耳

（1）提膝摆掌时，不能双肘夹腋，要沉肩坠肘。

（2）提膝摆掌时，要立身中正、重心平稳。

（3）右弓步贯拳时，两肩要平，两胯要平，不能扭腰摆臀。

（4）右弓步贯拳时，要立身中正，不能前俯、后仰，两肘不外撑，两臂不僵直。

（5）右弓步贯拳时，两拳相握不过于紧张，也不过于松懈。

（6）右弓步贯拳时，不能抬肘耸肩，双臂要呈弧形，力点在拳眼，上下肢动作能协调配合。

第十五式　转身左蹬脚

（1）转身分掌时，在腰的带动下四肢要轻缓运转，或先或后。

（2）右弓步贯拳时，两手臂相系，两腿相随。

（3）左蹬脚撑掌时，双臂不能直推、僵直，要走弧形。

（4）左蹬脚撑掌时，左腿与左臂上下要相对，不能呈"十"字形。

第十六式　左下势独立

（1）左仆步前穿掌时，要立身要正，双臂不能僵直。

（2）左仆步前穿掌时，身体要不前俯、不低头、不弓背、不挺胸、不凸臀。

（3）左仆步前穿掌时，上、下肢动作要协调，不脱节。

（4）左仆步前穿掌时，丹田收紧，沉肩坠肘，左手掌的里收、下移、前穿要圆活。

（5）左独立步挑掌时，上体要渐渐起立，两腿不能突然蹬伸直立而起。

（6）左独立步挑掌时，肘膝上下相对，双臂放松并撑圆。

（7）左独立步挑掌时，重心平稳，含胸拔背，不能仰身挺腹。

第十七式　右下势独立

（1）右仆步前穿掌时，立身要正，双臂不能僵直。

（2）右仆步前穿掌时，身体不能前俯、不低头、不弓背、不挺胸、不凸臀。

(3) 右仆步前穿掌时，上、下肢动作要协调，不脱节。

(4) 右仆步前穿掌时，丹田收紧，沉肩坠肘，右手掌的里收、下移、前穿要圆活。

(5) 右仆步前穿掌时，肩胯相对，上下要相随。

(6) 右独立步挑掌时，上体要渐渐起立，两腿不能突然蹬伸直立而起。

(7) 右独立步挑掌时，肘、膝上下要相对，双臂放松并撑圆。

(8) 右独立步挑掌时，重心平稳，含胸拔背，不能仰身挺腹。

第十八式 左右穿梭

(1) 右玉女穿梭时，不耸肩抬肘，不斜身扭胯，两腰旋转不僵滞；前手上托和后手前推要协调一致，两臂呈弧形。

(2) 右玉女穿梭时，前推之手不高于鼻尖，不低于腰，身体不前俯，不撅臀。

(3) 右玉女穿梭时，方向要明，完成动作后，身体的正中线能朝向人体前进的斜前方。

(4) 左玉女穿梭时，要立身中正，身体重心上下起伏波动要小。

(5) 左玉女穿梭时，动作要连贯，上下要相随。

第十九式 海底针

(1) 左虚步插掌时，两腿虚实要分明，右掌前插时，两肩要平，不能一高一低。

(2) 左虚步插掌时，上下一致，插掌与弯腰要同步。

(3) 左虚步插掌时，上体不过于前倾，不超过45°，不能弯腰、驼背、臀部后凸。

(4) 左虚步插掌时，头部要虚领顶劲、斜中寓正，要气贴脊背。

第二十式 闪通臂

(1) 左弓步推按时，上体要正，不能耸肩抬肘，前推手既不高过头，也不低于口。

(2) 左弓步推按时，两臂不能僵直，呈弧形；背肌要舒展，不驼背弓腰。

(3) 左弓步推按时,前推掌、上托手和弓步的动作要协调一致。

(4) 左弓步推按时,弓步的两脚跟儿横间距离不超过10厘米。

第二十一式 转身搬拦捶

(1) 转身扣脚时,身体重心不上下起伏,手臂不能伸直,要撑圆。

(2) 转身扣脚时,随腰的转动,要立身中正、动作协调、上下相随。

(3) 左弓步锤击、搬拳时,立身要正,双臂要走立圆;左脚要曲蹲,右脚着地要轻灵。

(4) 左弓步锤击时,上步拦手时,重心要稳,上下起伏不能大;右拳回收时,前臂要外旋画弧。

(5) 左弓步锤击时,握拳不能太紧,右臂不能夹紧身体,不能耸肩抬肘。

第二十二式 如封似闭

(1) 两手掌回收时,肩、肘部要微微向外松开,两手臂不能夹腋直向回收,不能仰身挺腹,丹田不能松。

(2) 穿掌时,重心移动与左臂前穿动作要协调,不能脱节。

(3) 两手掌回收时,后移重心,要以两肘关节牵引回收双臂,不能卷扬前臂。

(4) 左弓步两手推按时,双腿要稳固支撑,丹田发力,上体中正,双臂不能僵直。

(5) 左弓步推按时,双手掌前按要走弧线,前按的幅度不能过大。

第二十三式 十字手

(1) 收脚并步合抱向右转身时,立身要正,两臂撑圆,身体重心不起伏。

(2) 收脚并步合抱时,两手掌分撑与左右脚碾转要协调配合,上下动作不脱节。

(3) 收脚并步两手交叉合抱要成环形状,不抬肘,不夹腋。

第二十四式 收势

(1) 并步直立时,双臂自然伸直,两手掌距离要与肩同宽。

(2) 两手掌下落时,身心放松,呼气平稳,气机下沉。

五、书法与太极拳的常见问题

(一) 书法的常见问题

书法是世界艺术之林的奇葩,是中国上下五千年来的优秀传统文化,自古以来,一直为人们欣赏和喜爱,它与中国文化相表里,与中华民族精神成一体,有着深厚的文化内涵。中国书法的载体是汉字,它涉及语言、历史、文学、美学等方面,又与音乐、美术相通,学习书法就是在直接与中国文化对话。书法对于培养人的道德素质、身心素质及良好的学习和生活习惯,个性塑造及审美能力等方面都有极其重要的作用与价值。尤其是目前,中国的家庭多为独生子女,他们中的一部分生活自理能力差,性格比较孤僻,如果让他们习练毛笔书法,可以使他们进入相对静止状态,通过长期的磨炼和熏陶,则会起到培养他们心理素质、规范他们行为的好作用。中老年人习练书法,也是颐养身心,提高生活质量的好手段。要习练好书法,达到具体目的,知晓一些书法的常见问题也是极其重要的。

习练书法(以毛笔书写为例)的常见问题,略述如下:

1. 读帖临帖问题

选一本符合自己审美特点的书法家字帖,先欣赏、读帖,然后再反复临写。读帖就是与古人对话,读帖要仔细观察、用心琢磨、反复比较,要了解字帖的书法风格、用笔特点、字的结构等,这是习练书法的第一步,不读帖、临帖会走弯路,这是实践证明了的宝贵经验。刚开始需依葫芦画瓢,再往后就会越临越像。在临帖时,要过好笔法

五 书法与太极拳的常见问题

关,要注意起笔、行笔和收笔的特点与要求,在临摹时要尽可能准确地体现出来。另外,在临写时还要过单字关,不能简单地抄帖,最重要的是要动脑筋思考每个单字的用笔、结构以及与前后字的关系等书家的心理。当然,临帖时,也要辩证地看待字帖,对于好的字和章法要继承,要吸收,对于不好的方面也要大胆剔除、摒弃,做到以我为主。注意这些,当习练达到一定次数后,就会发生质变,最终能脱帖。这一读帖、临帖的过程既增强了自己的笔力和对相关书法理论的认识,加深了自我理解,又会逐步形成自己的风格,会向高水平不断迈进。有人认为,读帖、临帖应是一生习练书法的好习惯。

2. 书法是心技能文化项目问题

一切技能的本质就是通过习练建立了"神经—肌肉"之间的一种条件反射性联系。要形成条件反射就需要反复"试误",得下功夫。这一"工夫"不仅要花费大量的时间、体力,更重要的是要付出大量的智力劳动和非智力因素能量。古代书法家的趣闻轶事不胜枚举,都是在告诉大家书法习练须下苦功不可的道理,即使是非常有天分的书法习练者也不能例外。反过来,通过按照书法规律,进行长期的书法习练,自然会不断提升自己的书法技能和自身素养。从操作技能的角度讲,主要是用脑和动手的能力决定了书法技能水平,那么,同样对大脑和用手有着高要求的是太极拳习练,如果同时习练太极拳也必然会助推自己书法技能的增进。在书法和太极拳领域,两者都达到高水平的先人大有人在,如清咸丰年间的孙氏太极拳宗师孙禄堂就是书法与太极拳双馨的典型代表。另外,书法和太极拳都是我国优秀传统文化中的精粹,背后有着共同的文化环境与哲学基础做支撑,只不过是技能的目的追求和表现形式不同而已,而在修身养性和美学追求等方面则是相互借鉴、相互补益的,认识这一点非常重要。具体来讲,不论是书法,还是太极拳,这两种技能的不断发展都离不开习练者体能、智力和非智力因素三项主体性因素的优化组合。对于书法和太极拳,古人都强调要下苦功夫、要悟。实践证明,书法和太极拳水平的提高，都不能跨越技能发展的粗略掌握、技能提高和动作技能自动化三阶段，并且每个阶段都有具体特点，需要辨识，需要遵从规律。

3. 学书法先学哪种字体比较好问题

初学书法，从楷书习练比较好，这是大多数人的看法。因为楷书是基础，就像要学跑，得先学会站和走一样。一定程度的习练楷书，不仅能让人了解字的结构，同时也锻炼了控笔、用笔能力。但是要注意，书法是一门艺术，当今越来越重视书法的艺术性，既然书法是艺术，就不得不提到美和难度。一般认为，篆、隶、楷、行、草，从艺术性和难度上讲是逐渐增加的一个趋势。之所以说，篆、隶、楷、行、草，甚至狂草，沿着这一方向艺术性越高，不仅仅是因为实用的原因，更多的是因为用这些书体书写的字的变化越来越多，技巧越来越高，难度逐步增高，加上人们对美的评价标准更难统一。也有人认为，最难的是楷书，其实，执着于任何一种书体和风格，只要喜欢，感兴趣，愿意投入大量精力进行研究和习练，也会铁杵磨成针。

4. 中锋和侧锋问题

中锋用笔和侧锋用笔一直是书法习练中争论的一个热点问题，很多人把中锋和侧锋完全分开来讲解和讨论其实是错误的。中锋就是毛笔笔锋完全在纸面上书写，包括正锋和侧锋。正锋就是笔尖完全在笔画的中间运行，狭义的中锋就是指正锋。侧锋就是笔尖稍侧向一边，不管正锋还是侧锋，都是中锋的用笔形态，之所以出现中锋或侧锋的效果是由于毛笔与纸面的角度不同所致。需要强调的是，中锋的对立面不是侧锋，而是偏锋。偏锋是笔锋离开了纸面，笔画完全靠毛笔的笔肚擦出笔画来，所谓偏，就是偏离。根据书法习练经验，只要运用得当，都能出好效果。根据实际需要，也应大胆应用，不必教条。但一般来讲，中锋写的字比较柔美、饱满、浑厚、圆润，而侧锋写的字比较多变、俊俏、有气势。由于审美观不同，不能完全说哪一种行笔更好。在书写实践中，书写楷书、行书、草书时，侧锋用的比较多;而在写篆书甚至隶书时,中锋用笔则比较多。值得强调的是,中锋是用笔的根本,"中锋立骨",而侧锋用笔易于取态。总之,为了线条质量和视觉效果,一般是以正锋用笔为主,兼用侧锋取妍。严格地讲,任何一种书体的书写,都不存在绝对用中锋或侧锋书写的情况,只不过是哪一种占的比例更多一些,不用在这一问题上有过多争论。由于汉字是象形文字,笔画和结构复杂,单靠一种用笔显然是不够的,需要兼而用之。只要高度重视手腕和手指的灵活性,或更准确地说是灵巧性,能熟练运用提按使转技巧,都能达到书写的目的。从这里看,手腕手指的灵活性对于书法技能水平来讲有决定性意义,根据习练经验,习练太极拳可极大程度地提高手腕手指的操控性,进而提高对毛笔的控笔与运笔能力。当然,由于太极拳内涵博大精深,与书法有诸多相通性,还有很多方面对书法技能和境界的长进有不可替代的助益。

5. 习练毛笔书法的重要理念问题

(1) 正确理解"书法"的含义。

概括地说,书法就是书写的法度或有法度的书写。"书"既有书写之意,是指用毛笔和墨在一定材料上表情达意之意,是技能,也有最初的指"汉字"之意,书同文。

(2) 习练书法要有目的性。

书法内容多样,性质与特点不同。习练书法,在确定好习练内容的基础上,首先要明确自己的习练目的,要做到有思想、有目的地习练很重要。在目的的指引下进步快,遇到困难也会主动求解。

(3) 习练书法要循序渐进。

习练书法要同时做到理解书法理论或理念,还要努力增强用笔能力即笔力。因为毛笔轻,笔尖软,要做到熟练用笔,需要千锤百炼,否则做不到"力送笔端"。另外,习练书法手脑并用是根本,一知半解、求快都不可取。一知半解、浪费时间做无用功也是常见现象。因此,对于初学者,慢就是快,要开动脑筋,从理解一个一个小技巧开始,积少成多,最终定会融会贯通,形成自己特色,必能达到高水平。

(4) 习练书法的最高境界。

习练书法要做到道法自然,就是书写不刻意不做作,不能把习练应该掌握的好书写技巧,混同做作,好的书写技巧要执着习练。习练书法要把"和谐"定为最高境界追求。这里的和谐包括书写的各个方面,尤其是书写内容要写得"和谐"。从根本上讲,只有和谐才能产生"美"。书法不仅是表情达意的工具,更是一门追求美的学问和功夫。再进一步,只有按照书写的各种规律习练才能达到和谐。需强调的是,书者只有在遵从书法规律的范围内才能发挥主动性和进行适度的个性张扬,也就是说,遵循书法"法统"是极其重要的。在书法界,不能脱离法统,追求极端个性,否则定会被世人抛弃和遗忘。需要指出的是,在习练书法的过程中,很多人几乎是困在了书法的"技法"里,其实,我们要明白,不仅要学习二王高水平的书法技法,更要学习他们的审美趣味和文化气息,崇尚他们的书法理念和创新精神。

(5) 书法是内在美的情感流露。

字如其人,书写的字或作品既是书者身心状态的体现,也是品德修养和精神境界的反映。不论欣赏、评判单字,还是成幅作品,首先要看其神采。根据书法实践,习练书法得身心俱练,书法是一种体力活动,是一种精神活动,更是一种生命状态,是书者追求美的一种情感过程和能力水平的流露。有好身体,还要有好的精神,这样才会有好的书写状态,进而才可能创作出好作品。书法和精神是相通的,"言为心声,书为心画"。

(6) 书法水平的提高问题。

"书在字外",此言不虚,正如"功在拳外"一样。要想不断提高书法水平,就必须不断学习,积极吸收各种文化营养为我所用,并且还要不断提升自己的道德修养,别无他途,更无捷径。

6. 书法作品的题款问题

能创作书法作品是书法水平发展阶段的一个界定标志。习练书法避不开书法创作。书法创作不仅考验书写技能,还体现书者创作书法作品的规范性。在此有必要简要阐述一下关于书法作品创作的一些规范性要求问题。

书法作品的幅式主要有:中堂、条幅、对联、横幅、手卷、横匾、扇面等。

题款:在书法作品中,款识具有相当重要的位置,不可缺,题款分上款和下款。

(1) 上款。

上款是指他人或某单位请你写作品,作品完成后如果要题索书者的姓名,那么题写上款时就要把索书者的名字写得高点,表示尊重。上款格式:"姓名+称呼+谦词"。要注意几种情况:①给长辈:上款的题法一般称×××先生(或同志、方家)、×××女士,×××老师。如果长辈是70岁以上的,可称××老,80岁以上的可称××翁;②给同辈:给同辈写的作品,一般称呼××同志(或书友、大兄、贤弟、仁兄、同窗、小妹、小弟、学友),但要注意,一般来讲,题款不用俗称。在称呼的后面可以加上谦词,如存念、惠存、清赏、雅属等;③给晚辈:写给晚辈的书法作品,上款可题××学生、××贤侄、××爱孙、××爱女等;④说明正文出处:作品的正文可有诗词、格言、警句等,题写上款时,应书写的格式是,如"杜甫诗客至"、"王勃滕王阁序句"。对于一些脍炙人口,耳熟能详的名诗、名句,可省略正文出处题款。书写伟人语录等作品的上款,要写得比下款位置高些,这样才能表示尊敬。

(2) 下款。

下款格式:"时间+地点+姓名(号字)+谦词"。

时间:公历,如"二零二三年四月";农历,如"癸卯年杏月"。

时间		名称				
月份	一	正月	孟春	初春	开岁	芳岁
	二	仲春	杏月	丽月	花朝	中春

续　表

时间		名称
月份	三	季春　暮春　桃月　蚕月　桃浪
	四	孟夏　槐月　麦月　麦秋　清和月
	五	仲夏　榴月　蒲月　中夏　天中
	六	季夏　暮夏　荷月　暑月　溽暑
	七	梦秋　瓜月　凉月　兰月　兰秋
	八	仲秋　桂月　正秋　爽月　桂秋
	九	季秋　暮秋　菊月　咏月　菊秋
	十	孟冬　初冬　良月　开冬　吉月
	十一	仲冬　畅月　中冬　雪月　寒月
	十二	季冬　残冬　腊月　冰月　暮冬
季节	春	初春　早春　阳春　芳春　暮春
	夏	初夏　中夏　夏暮　九夏　盛夏
	秋	初秋　中秋　金秋　三秋　暮秋
	冬	初冬　寒冬　九冬　暮冬　中冬
上下旬	上旬	上浣
	中旬	中浣
	下旬	下浣

地点：题款时，如果要落地点，那么地点就要用雅称，不能用俗称，如"书于申城"。

署名：署名时，可以用全称，也可以只写名，或题字号，如×××书。

谦词：写给长者、专家的作品在姓名后可加上奉书、敬书、恭录等谦词。如果所书写的内容是伟人、领袖的名句名作，那么在姓名后可加上"敬录""敬书"等谦词。

下款的完整题款格式应是：癸卯年杏月於申城×××敬书。如果正文是楷书、行书、草书或狂草,那么题款时的字体最好是行书,并且字号要小于正文。

(3) 印章。

印章在一幅书法作品中不可缺,其位置非常重要,有三种:引首章、腰章、名章。

引首章:这是印在作品右上方的章,也叫随形章。引首章不要用大的方形章。这方小章的内容应与正文浑然一体,种类有:年号章,如丙寅;月号章,如荷月;斋号章,如积字阁;雅趣章,如墨香、博学。

腰章:腰章比引首章和名章还要小一些。腰章内容多半是作者籍贯或属性的肖形章。

名章:名章一般有朱文(阳文)和白文(阴文)两种。一幅作品一般不盖两个朱文或白文章,要盖两方印时,最好一朱一白,两章隔一个章的空,两章的大小还要相当。

(二) 太极拳的常见问题

1. 太极拳自专自用问题

太极拳是一种可用于技击或运动健身等的运动技能,它的哲理深奥、技能复杂,艺无止境。不论出于何种目的,要迅速提高太极拳的修养与水平,首先得依靠自己积极"体悟",因为它本质上属于内家拳,属于闭锁性运动技能,另外,多观察他人习练,并积极交流经验,甚至请高手、名师指点,会比较快地提升自己的认识或境界。总之,太极拳不要自专自用,不能仅凭自己有限的理解水平,固执地去看别人和自己。那些水平低、情不通,理不通的习练者,往往都是由于种种原因而自专自用所致。

2. 习练太极拳专求力、专求重问题

不论是为了发力技击,还是为了气血通畅等目的,习练太极拳要取得理想效果,达到具体动作目的,需要保持意念的集中、内心的平静、整个身体的松沉,做到身心一统才行。在习练太极拳时,如果专

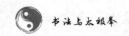

求力会导致不顺达、不圆转、不灵活,专求重会导致凝滞不灵。太极拳讲究整体观,用的是"整劲",不是局部之力,为了发挥整劲,时刻都要做全方位的准备。太极拳习练,应该努力保持和追求用意不用拙力的自觉。

3. 习练太极拳的用力问题

习练太极拳讲究用意不用力,不是不用力而是不要用拙力,并且要做到意在先即有意念引领。太极拳发出的力是以腰为主宰,丹田发出,靠肢体的离心运动产生的旋转之力。这种力渗透了某种意识或目的是全身的整劲,快速、准确而有节制。如果习练者达到较高水平,有些动作的完成就可上升为潜意识的指导,看上去,所谓的更加"形神兼备、出神入化"。

4. 劲和力的区别问题

一般情况下,是一回事儿。有时人们会把静止状态的对抗能力叫"劲",而把动态的对抗能力叫"力"。在讨论太极拳时,人们把"劲"这种追求特殊运动效果的"力"的形式赋予了更多的内涵。人们往往把全身肢体的筋皮、肉骨松开、伸拔拉长而产生的弹簧力称作"掤劲",它在柔时有弹性,在刚时有韧性;力,一般是,鼓劲的、强势的、滞重的。太极拳之"劲"是一种特殊的力学结构。郑曼青(1902—1975)说"劲源于筋,故柔的、活的、有弹性的是劲","力源于骨,而力是硬的、死的和僵硬的"。

5. 掤劲在太极拳习练中的地位问题

掤劲是内劲,它是太极拳的总劲、总纲,是习练太极拳的核心,是统帅。在太极拳习练时,要求"掤劲不丢",是太极高手的提醒和忠告。保持掤劲可让身体始终维持一种适度的、协调的紧张状态,对抗意识和保护意识明显。

6. 掤劲在习练太极拳时的表现问题

太极拳习练非常重视"掤劲"的意识与能力,这与太极拳是化解之术有关。掤劲的使用不仅是为了对抗,更深层次的原因是通过掤劲的使用探知对手的用力以便化解制胜。太极拳习练者的精力充沛不充沛,内在的意气动荡不动荡,都跟掤劲有极大的关系。有了掤劲,两臂才能相系,两腿才能自然相随,太极拳的威力才能发挥得淋漓尽致。

7．习练太极拳在身法上应注意的问题

要立身中正、含胸拔背、沉肩坠肘、虚心实腹、上虚下实、松腰、敛臀、圆裆、开胯等。习练太极拳不注意身法会导致气滞不通,甚至气血逆上,全身拘谨,意气不能回归丹田,双脚似浮萍草,飘而无定。

8．评判太极拳的主要标准问题

评判和阅读太极拳习练者的动作质量和水平,一般来讲,应依据:中正、圆活、沉坠、松柔和内劲五个方面。具体审视视角有 8 不丢:中不丢、意不丢、形不丢、圆不丢、坐不丢、劲不丢、神不丢、松不丢。

9．太极拳的核心问题

历代拳师认为,阴阳开合和内劲是太极拳的核心。阴阳开合就是矛盾的对立统一。太极拳是内外、身心、手眼身步等各种矛盾的调和者,太极是化解各种主客体矛盾的对立统一的方法、手段与象征。太极拳以"开合"运动为工具来调和各种矛盾。

10．太极拳的性质问题

太极拳是内功拳、内家拳,是讲究内在的意气运动的拳种,要求动中求静,静中求动,静中生动。太极拳对内讲究意气运动,对外又讲究神和形,既不偏重内在,也不偏重外形,内外俱修,是一项既练太极之气又练太极之形的内功拳术。如果习练太极拳只追求外在的身形运动,不追求内在的意气运动,是在习练"太极操",不是习练太极拳。太极拳既练先天之气,又练后天之气。先天之气受之于父母,是先天身体体质,它的好坏完全受父母的影响。后天之气是出生以后,

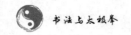

通过食物、阳光、教育、锻炼等因素生长的。为了能够使先天之气得到培养和壮大,仅依靠自然的米谷、阳光哺育不能得到完全满足,还需后天的有意锻炼和教育。

11. 习练太极拳的明理问题

习练太极拳须明理,理通拳法才会精。习练太极拳,不仅要按照太极拳运动规律埋头苦练,还要"悟"字当头,不断积累宝贵经验,努力提升自己的认识水平和理论境界,做到身心兼修,这样才会功到渠成。

12. 太极和无极的关系问题

历代拳师认为,习练太极拳须从无极开始,就是要求太极拳习练者要重视对"意"、"气"的理解和培养;无极是太极的入门券,不入无极,难成太极。太极由无极生,无极是阴阳万物之母。"太极"是中国传统的古典哲学概念,是指万物生发的初始状态。道家认为:天地万物之初,廓然无象,天地未开,混浊未分,阴阳无形,动静无始,这就是无极世界。此时欲说无词,欲写无字,空空洞洞,混混浊浊,无声无嗅,无端无形,它的形象就是一个字"静"。有了静,势必会静极生动,静是无极的表现,动则是太极生,有了动静就是太极的象征。

13. 阴阳观点和矛盾论观点的关系问题

道家的阴阳观点和唯物论的矛盾观点是一致的。道家:"阴阳无处不在,阴阳无处不存。"矛盾论说:"矛盾充满世界"。道家认为:"阴阳不断互动,互换,最后达到阴阳统一,阴阳统一就是太极。"矛盾论认为:"矛和盾对立统一,不断斗争,转换,最后达到统一。"按道家来说,这就是太极;按矛盾论来说,就是统一。

14. 无极状态问题

选择环境幽静、空气清新之处,自然站立,周身放松,摒除杂念,心定神宁,身心虚静,物我两忘,一念无思,一物无有,这就是进入一片空空洞洞无极景象的状态。太极高手指出,练无极桩是培气、养气的好办法,通过不间断的静站、久站,无极渐生太极之气,在无形中渐感遂通,功力和灵气会俱增。

15. 太极拳的内功与内劲问题

太极拳的内功靠太极拳的刚柔内劲来体现。太极拳的内劲以人的精气神为基础。精满,气足,神聚,再配合全身肢体的放张,内劲自然浑厚。练内功要求练内气,内气足,则内劲足。气为劲之本,劲为气之用,内劲足就是内功浑厚。求内气的办法很多,如各种气功、桩功,慢练太极拳也称活桩功,都是求内气的好办法。通过求内气,培养和强大内气,充实丹田,行通百脉、经络,使身体犹如充满气的皮囊,加以全身肢体的放张,形成富有弹性的掤劲,使内气运行在肌肤骨节之中,敛与骨髓之中,形成太极拳特有的刚柔相济的内劲。采用站桩和活桩除培气、养气外,还修炼上虚下实,胸空腹实,下体稳重如山,上体更加轻灵,身心虚静,内外严谨,上下合一,周身一家的功夫。

六、书法与太极拳的欣赏要点

(一) 书法的欣赏要点

书法作品艺术性高低的判定标准是大家比较关注的问题。南朝书法家王僧虔在《笔意赞》中给出的标准是"书之妙道,神采为上,形质次之,兼之者方可绍于古人"。也就是说一幅好的书法作品要以形写神,形神兼备。"形",指的是笔画线条以及由此而产生的书法空间结构。"神"主要指书法的神采意味。"形"和"神",明确了书法欣赏的审美标准、书法欣赏的方法。

书法的审美标准,一般地说,就是看书法的点、画、线条的力量感、节奏感和立体感。书法的笔画线条应具有无限的表现力,笔画线条的力量感是线条美的要素之一。通过笔画线条的起伏、韵律,在人心中唤起的力的感觉。早在汉代,蔡邕《九势》就指出"藏头护尾,力在字中","令笔心常在点画中行","点画势尽,力收之",意思是要求笔画要深藏圭角,不露锋芒,有往必收,有始有终,要势尽力尽。需要注意的是,为了体现笔画线条的力量感,不仅要强调藏头护尾,不露圭角,还要重视中间行笔的重要性。中间行笔必须取涩势中锋,以使笔画线条浑圆醇和,温而不柔,力含其中。但是,笔画线条的起止并非都是深藏圭角不露锋芒的,尤其是大篆、小篆却必须藏锋。在书法创作过程中,由于运笔用力大小以及速度快慢不同,产生了轻重、粗细、长短、大小等不同形态的、有规律的交替变化,使书法的笔画线条产生了节奏。汉字的笔画长短、大小不等,更加强了书法中笔画线条的节奏感。一般来讲,静态的书体(如篆书、隶书、楷书)节奏感较弱,动态的书体(行书、草书)节奏感较强,变化也较为丰富。立体感是由于用笔的不同所产生的艺术效果,中锋写出的笔画能饱满圆实,浑厚圆润。在行草书中,侧锋是中锋的补充和陪衬。在一幅书法作品中,笔画线条在遵循汉字的形体和笔顺的原则下,交叉组合,分割空间,形成书法的空间结构。因此,可通过欣赏一幅书法作品中单字的结体、整行的行气和整体的布局三方面来判定作品的艺术性。单字的结体要求整齐平正,长短合度,疏密均衡。书法作品中字与字上下(或前后)相连,形成了行,而行与行之间要求上下承接,呼应连贯。楷书、隶书、篆书等静态书体虽然字字独立,但笔断而意连。行书、草书等动态书体可字字连贯,游丝牵引。此外,整行的行气还应注意大小变化、欹正呼应、虚实对比,以及由此而产生的节奏感,这样,才能使行气自然连贯,气韵通畅。书法作品中集点成字、连字成行、集行成篇,构成了笔画线条对空间的切割,构成了书法作品的整体布局。要求字与字、行与行之间疏密得当,计白当黑,平整均衡,欹正相生,参差错落,变化多姿。楷书、隶书、篆书等静态书体要以平正均衡为主,行书、草书等动态书体以变化错综,起伏跌宕为要。

具体来讲,书法的欣赏有以下要点(以行书为例)

1. 笔画技法的艺术性欣赏

根据"永"字八法,汉字笔画一般有八种基本笔画:点:侧法(、)第一,如鸟翻然侧下;短横:勒法(一)第二,如勒马之用缰;竖:努法(丨)第三,形容用力;竖钩:趯法(亅)第四,跳貌,与跃同;提或挑:策法(╱)第五,如策马之用鞭;撇:掠法(丿)第六,如用篦梳头发;短撇:啄法(丿)第七,如鸟之啄物;捺:磔法(乀)第八,形容笔锋开张。"永"字八法,强调汉字八个笔画对生命运动的形象化刻画值得细究体味,个人认为,这八个笔画的书写质量和反映生命运动内涵的程度在很大程度上决定了单字和整幅书法作品的神采与韵味。

2. 基本笔画的艺术性欣赏要点

毛笔书写的行书汉字,对基本笔画的欣赏主要看其遵循基本笔画书写的要求情况,不按规律性要求书写,一般不美。

(1) 点的欣赏要点。

点可有:短点、长点、平点、斜点、曲头点、带钩点、撩点、出锋点、两点水、三点水等。综合各行书名家写点的技法特点,写点时,一般来讲,应露锋入笔,注重取势,收笔要含蓄,要有适度的倾斜度,与下一笔要有意连意识,用笔果断,行笔轻快,含蓄呼应,波浪起伏不凝滞,疏密攸当,互不侵犯。

(2) 横的欣赏要点。

横可有:短横、长横、细腰横、垂头横、露锋横、带锋横、并列横、上挑横、下带横。综合各行书名家写横的技法特点,写横时,一般来讲,应露锋入笔,收笔时应与下一笔形断意连,落笔自下而上,顿笔与带笔合理,能注意长短、轻重、快慢、粗细、书写角度等变化。

(3) 竖的欣赏要点。

竖可有:悬针竖、玉筋竖、垂露竖、斜竖、弧竖、带钩竖、曲头竖、长撇竖、并排竖、枯笔竖等。综合各行书名家写竖的技法特点,写竖时,一般来讲,应起笔露锋,中锋行笔居多,可中间略细,凝重有力,多竖时不可机械平行,应先后呼应,中锋行笔若能出现虚白更好。

(4) 撇的欣赏要点。

撇可有:平撇、竖撇、直撇、长撇、带钩撇、并排撇、曲头撇、长弯撇、回锋撇、兰叶撇、短撇。综合各行书名家写撇的技法特点,写撇时,一般来讲,应逆锋顿笔,果断坚定有力,提笔出锋时笔尖锋利,否则回锋含蓄,能直中带弯或弯中带直。

(5) 捺的欣赏要点。

捺可有:平捺、斜捺、柳叶捺、反捺、点捺、带钩捺、鹰嘴捺、回锋捺。综合各行书名家写捺的技法特点,写捺时,一般来讲,写的捺应给人自左而来的笔势,自左向右下,有慢行慢按之意,由轻渐重提笔出锋,捺脚尖圆,有果断有力、飘逸舒展之感。

(6) 挑的欣赏要点。

挑可有:弧挑、直挑。综合各行书名家写挑的技法特点,写挑时,一般来讲,应露锋入笔,轻快行笔,由细渐粗渐细,向右上出锋挑出。

(7) 钩的欣赏要点。

钩可有:竖钩、横钩、戈钩、心钩、竖弯钩、横折钩、扁努钩、背抛钩、回锋减钩。综合各行书名家写钩的技法特点,写钩时,一般来讲,应露锋入笔,稍按渐细渐粗行笔,稍顿有力出钩,钩尖或尖或粗,表情达意明显。

(8) 折的欣赏要点。

折可有:转、折。综合各行书名家写折的技法特点,写折时,一般来讲,行笔应有右上斜笔势,写转时重视中锋行笔,要圆润、温和;写折时侧锋行笔重笔势,求俊俏与坚定。转与折均要有轻重轻的微妙笔意。

3. 用笔的艺术性欣赏要点

用笔即运笔、控笔能力是需终生习练的功夫,是影响书法水平的最重要因素。起笔收笔变化多,可有中锋、侧锋、逆锋、露锋的多样化起笔,可有回锋、顿锋、抽锋、出锋等多样化收笔,可有追求灵动和流畅或凌空取势的笔意,露锋取势,求灵动但不夸张。在书法作品中有转折并用,一般应转多折少,这样会给人笔画流畅,笔意畅快之感。墨色浓黑、润泽,笔画实,但也要有适度枯笔出现,以展现虚实结合,阴阳结合的易理。有适度的媚妍、俏丽的侧笔来取势,也要有方圆兼备,快慢结合、刚柔相济的太极意识。一般来讲,横画纤细,竖画粗壮,通过相对稳定的行笔速度,通过提按使转能体现安详、平和、不激不历的感觉。

4. 结字的艺术性欣赏要点

欣赏行书结字,一般应注意以下几点:①不管行书怎样变化,字的结构都应该遵循形态自然,重心稳定,这是根本。②注意点画之间的呼应关系,主要是形连与意连两种情况。形连与意连都是要体现笔画彼此之间的一种配合意识,都追求流畅、完整、和谐的境界。③笔画要做到和谐,需体现气韵贯通、血脉相通的关系与理念。④单字应中宫紧缩、外围部分要舒展有度,疏密攸当。⑤体现线条是从图画抽象而来的意念,从字的笔画的俯仰呈现出纷繁复杂的情感,通过左右笔画之间的向背,加上内部笔画之间的相互紧密照应,整体体现顾盼之势,来表达书者情感。⑥用行书书写左右结构或上下结构的汉字时,为突出主体部分,可艺术性夸大或变形,以和谐单字笔画之间的关系,表情达意,也要顾及与其他字之间的顺畅连贯,体现迎让有致、参差错落、欹斜偏侧。一般来讲,左右结构的字,书写应开张一些,笔画较多的字,要做到计白当黑,不可出粗写满,同旁、同形、同笔画的字,要做到艺术性变异。⑦通过借换、删繁为简、粗细相间、长短大小,能体现笔画之间和字与字间的交错,求态、求势,臻成和谐之美。

5. 章法的艺术性欣赏要点

每个人的审美不同,要博得大家的共同赞赏,作品还需能体现大众认可之美,正所谓艺术是人民的艺术,是为大众服务的。一幅成功的书法作品,用笔和结构是主要的。在行、草书中,整幅作品的布局也就是章法是非常重要的。以行书和草书为例,评价一幅作品成功与否,在章法方面,应主要看以下几点:①通篇结构,要引领管带。②首尾呼应,要一气呵成。③各尽意态,要气韵流动。④起伏随势,要笔毫捻转。⑤巧布虚阵,要寓情寄意。

综合众多行书名家的作品创作特点,要达到这些审美要求,具体来讲,一般来讲应把握以下几点:①字距要有恰当变化。作品中,字与字之间,笔画可以连接也可以不连接,但气韵必须相通,字间距不可均匀,否则呆板、僵死,要做到时远时近,有明显的疏密变化和有意对比,通过这些书写技能的操作产生了明显的节奏变化,要达到这一效果自然是书法涵养与能力的体现。②行距要有恰当变化。一般来讲,行与行之间乍看大致相等,但细看时,各行中的字要有不规律的宽窄变化,各行的头字要平齐,尾字要不整即天头平齐,地脚参差。把握这些之后,书写要体现书者的修养、能力与真情,真情动人在书法中至关重要,绝不是为了写字而写字,不能毫无情感投入。③要达到通篇的浑然一体,规避单调、平淡,很重要的是要有用笔轻重与笔画线条粗细的变化。有时错字的重叠性修改或故意重笔,是故意突出用墨的变化,也是书写能力和审美独到的体现,这些考虑会增强作品的整体艺术性效果。④行轴中心线要有变化。行轴中心线不是一条机械的、单一的中心线,可由多条线组成。另外,竖写的作品不能将每行的字都沿着一条笔直的中心线,要有变化,否则会严重影响通篇的神采。创作的作品,通过局部的灵活变化与互补,能基本达到行与行之间中心轴的平行即可。实现整体作品的平衡,能浑然一体,自然生动,也就是以通篇神采为上,是作品创作应把握的大局。⑤写每行字时,一定要时大时小,随类赋形,错落有致,才能生动活泼。

总之,有意遵循《易经》求变之道是书法创作的根本。审视书法作品的章法美,应重点把握的具体视角有:疏密、大小、长短、粗细、浓淡、映带、气韵、首尾、向背、意连、虚实、错落、偃仰、顾盼、起伏、款识、印章、远近。

(二)太极拳的欣赏要点

毕竟血肉之躯难以与枪炮等火器抗衡,随着社会和科技的不断发展,太极拳从攻防技击已逐步过渡为追求强身、祛病、修养身心和艺术表演的传统文化项目。美学思想的介入不断打破了以往对太极拳研究的局限,现代的人们越来越关注养生太极拳的欣赏问题。从拳术到艺术,人们对太极拳的美学认识是一个逐步演变的过程。研究以拳入道、由拳至美是客观认识太极拳的关键。从全面的角度看,太极拳欣赏应该包括欣赏他人和自我欣赏。欣赏他人的水平在很大程度上取决于自我欣赏的能力。自我欣赏的水平在很大程度上又取决于自己习练太极拳的运动体验和理论认识。前面提到过,对于太极拳外在美的把握主要应从"经济性"和"实效性"进行鉴定,但决定一个人太极拳审美水平的,更重要的是其对于太极拳美学内涵的认知。在此,就从中国传统哲学思想的角度,对太极拳欣赏的美学意蕴应主要把握的几个要点进行阐述：

（1）他赏和自赏太极拳的一个视角就是对"道"的遵守。这里的"道"主要是法则、规律、方法的意思。遵守太极拳的"道"就是按照太极拳的本原、本体，是习练太极拳的总规律，应全面掌握，不可违背。在习练太极拳时，要求身动、心静、气敛、神舒……无有他念，才能做到内固精神，外示安逸。迈步如猫行，运劲如抽丝，用意识引导动作等等，都是在强调要遵循太极拳的"道"。

（2）欣赏太极拳要欣赏所展演的太极拳的气韵和法度之美。太极拳展演要以意导动，在给人呈现悦目、悦心的静态美的同时，还要能给人呈现气韵贯通、一气呵成的流动的整体神采。气是理，拳是法。太极拳要外练筋骨皮，内练一口气，要养气、练气、集气、运气，能以气传韵。

（3）欣赏太极拳要欣赏习练者展演太极拳的"真"功夫。这个"真"就是自然、实用、简洁和朴实。习练太极拳要以柔和自然为本，动作要缓、呼吸要匀，能敛气凝神，能摒弃一切思虑。太极拳中的"静"不是死寂的，是充满盎然生机的特殊动。太极拳要体现一切为了"实"的意识和能力。太极拳体现的美不仅仅来源于"美"，还来源于"崇高"、"武德"。

（4）欣赏太极拳不可忽视的是"对立统一"理念，以及一招一式所呈现的相反相承的技能特点的水平。太极拳的动静、刚柔、进退、开合、虚实等都是阴阳变化的表现。阴阳交互，动静相倚，周详活泼，妙趣自然。"蓄劲如开弓，发劲如放箭"形容的是太极拳的阳刚之美，"四两拨千斤"体现的是太极拳的阴柔之美。

（5）欣赏太极拳要欣赏习练者身体部位走"圆"的意识和能力。一般认为，太极拳是最厉害的拳种，其"走圆"发力是典型特点。太极拳的发力都是依靠具体身体部位的椭圆运动产生的"离心力"，即使是"冲拳"也是靠腰的转动主导的手臂的螺旋运动来实现。太极拳的美学观中有"圆"，圆包含万物，引导万物，太极拳的习练和展演要有阴阳八卦观念。欣赏太极拳要有"圆"的意识，就不难理解在太极拳习练中,要求走弧形、含胸拔背、圆裆松胯、松腰敛臀,立身中正等要求了。太极拳欣赏的神形美和习练者与自然的感应都要在"圆"的动作中呈现。

(6)欣赏太极拳要根据习练者或展演者的外在行为考察其"三到位"情况。"三到位"是指意识到位、感觉到位和动作到位。太极拳的先人们强调"意在先"。这里的意一般是指对具体动作或动作环节的目的的意识。太极拳习练要达到高水平,需要下功夫搞懂弄清每一个动作甚至具体动作环节的目的性和应用价值,要对整套动作有全面的价值认知即意识到。要做到对前后有逻辑的准确认识需要在长期的习练过程中不断"悟"。太极拳功夫的不断跃升离不开从思想认识上建立这个太极拳动作的"意识逻辑"。感觉到位和动作到位密切相关,只有在意识引导下,建立正确、清晰的具体动作的肌肉感觉即所谓感觉到位,具体动作才能真正做到位,正确或合理的动作技能的形成就是依靠对应有的肌肉感觉的不断捕获实现的。太极拳的意识到位、感觉到位和动作到位三者具有先后的内在逻辑。虽然感觉和意识都是内隐的,但是它们是可以也只能通过习练者外在的行为来判断。对于一般人来讲,如果认识到这"三到位"的逻辑关系,肯在"意"和"感觉"上下功夫,必然会不断取得卓然的进步。另外需要补充的是,这里所说的"意",必须是确定的、有针对性的、有实用价值的各种目的性的意识,不是随意的。

现代养生太极拳不仅具有强身健体的实用价值,还是一门独特的表演艺术,其本身蕴含着丰富的美学元素,学会对太极拳的欣赏能给自己带来美的享受。太极拳动作缓慢、柔和,处处带有弧形,每一个动作都给人强烈的动静结合的造型美和流畅感。太极拳是门高雅艺术,是从中国古典哲学和美学的丰厚土壤里生长出来的文化奇葩。长期习练,深刻参悟太极拳,不仅能给人呈现与众不同的神韵,提升审美能力,潜移默化地陶冶自己的三观,提高自己的生活质量,更重要的是还能不断提升自己的至高、至善、至美的精神境界,真正体悟到太极之美是中华民族传统精神的美,是独一无二的东方美。

参考文献

[1] 赵振乾. 大学书法[M]. 开封:河南大学出版社,2005.
[2] 阿敏. 行书千字文[M]. 北京:北京体育学院出版社,1993.
[3] 田蕴章. 历代名家行书技法要诀[M]. 天津:天津人民美术出版社,2013.
[4] 茹桂. 陕西人书法史[M]. 上海:上海古籍出版社,2004.
[5] 刘涛. 中国书法——图说中国文化[M]. 深圳:海天出版社,2006.
[6] 黄惇. 中国书法史[M]. 沈阳:辽宁美术出版社,2001.
[7] 邱振中. 书法的形态与阐释[M]. 北京:中国人民大学出版社,2005.
[8] 胡传海,郑晓华. 中国书法史话[M]. 上海:上海书画出版社,2002.
[9] 陈彬龢. 中国文字与书法[M]. 南京:江苏教育出版社,2006.
[10] 金开诚,王岳川. 中国书法文化大观[M]. 北京:北京大学出版社,1995.
[11] 陈龙国. 高校书法训练模式研究[M]. 合肥:安徽美术出版社,2008.
[12] 杨再春. 行草章法[M]. 北京:北京体育学院出版社,1987.
[13] 何学森. 书法文化教程[M]. 北京:华文出版社,2006.
[14] 平衡编集. 书法大成[M]. 上海:上海古籍书店印行,1983.
[15] 杨飞. 中国书法与绘画一本通[M]. 北京:北京联合出版公司,2015.

[16] 陈廷祐. 中国书法[M]. 北京:五洲传播出版社,2003.

[17] 何学森. 书法五千年[M]. 长春:时代文艺出版社,2007.

[18] 习云太. 中国武术史[M]. 北京:人民体育出版社,1985.

[19] 何祖新. 大学体育与健康教程[M]. 西安:西安交通大学出版社,2019.

[20] 青山,石恒. 杨氏太极拳——发劲、运气、练势[M]. 北京:北京体育大学出版社,1994.

[21] 体育学院专修教材编写组. 武术[M]. 北京:人民体育出版社,1995.

[22] 徐才. 武术学概论[M]. 北京:人民体育出版社,1996.

[23] 李成银. 中国武术咨询大全[M]. 济南:山东教育出版社,1993.

[24] 唐豪,顾留馨. 太极拳研究[M]. 北京:人民体育出版社,1996.

[25] 国家体委体育文史工作委员会,中国体育史学会. 中国古代体育史[M]. 北京:北京体育学院出版社,1990.

[26] 本社编. 太极拳运动(增订本)[M]. 北京:人民体育出版社,1995.

[27] 虞定海. 中国传统保健体育与养生[M]. 上海:上海科学技术出版社,2001.

[28] 王西安. 陈氏太极拳从零开始[M]. 杭州:浙江教育出版社,2017.

[29] 季培刚. 太极拳往事——晚清以来太极前辈们的非凡人生[M]. 长春:吉林大学出版社,2009.

[30] 孙喜和. 陈氏太极[M]. 长春:吉林出版集团有限责任公司,2011.

[31] 庄亚军. 图释详解24式太极拳(纠偏手记)[M]. 上海:上海文化出版社,2010.

[32] 本社编. 太极拳全书[M]. 北京:人民体育出版社,1988.

[33] 奚桂忠. 杨氏太极拳学练释疑[M]. 北京:北京体育大学出版社,2005.

[34] 康戈武. 中国武术实用大全[M]. 北京:今日中国出版社,1990.

[35] 江百龙. 武术理论基础[M]. 北京:人民体育出版社,1995.

[36] 〔清〕王宗岳等. 太极拳谱[M]. 北京:人民体育出版社,1995.

[37] 宗白华. 美学散步(插图典藏本)[M]. 上海:上海人民出版社,2015.

[38] 方方,程娜. 杨氏太极拳[M]. 长春:吉林科学技术出版社,2012.

[39] 徐才. 武术科学探秘[M]. 北京:人民体育出版社,1990.

[40] 徐伟军. 武术裁判必读[M]. 北京:北京体育大学出版社,1998.

[41] 马虹. 陈氏太极拳拳法拳理[M]. 北京:北京体育大学出版社,1998.

[42] 王宗岳. 太极拳论[M]. 北京:人民体育出版社,1996.

[43] 赵光远. 民族文化[M]. 南宁:广西人民出版社,1990.

[44] 张肇平,杜飞虎. 论太极拳[M]. 北京:北京体育大学出版社,2003.

[45] 张山等. 中国太极推手[M]. 北京:人民体育出版社,1999.

图书在版编目(CIP)数据

书法与太极拳/荣敦国著. —上海：复旦大学出版社，2023.10(2024.4 重印)
ISBN 978-7-309-17009-2

Ⅰ.①书… Ⅱ.①荣… Ⅲ.①书法-关系-太极拳-中国 Ⅳ.①J292.1②G852.11

中国国家版本馆 CIP 数据核字(2023)第 181649 号

书法与太极拳
荣敦国　著
责任编辑/胡春丽
复旦大学出版社有限公司出版发行
上海市国权路 579 号　邮编：200433
网址：fupnet@fudanpress.com　http://www.fudanpress.com
门市零售：86-21-65102580　团体订购：86-21-65104505
出版部电话：86-21-65642845
苏州市古得堡数码印刷有限公司

开本 890 毫米×1240 毫米　1/32　印张 4.625　字数 124 千字
2023 年 10 月第 1 版
2024 年 4 月第 1 版第 2 次印刷

ISBN 978-7-309-17009-2/J·494
定价：60.00 元

如有印装质量问题，请向复旦大学出版社有限公司出版部调换。
版权所有　侵权必究